W0337957

DON BOSCO
VERLAG

Irmgard Maria Burtscher

Mehr Spielraum für Bildung

Kindertagesstätten als Bildungseinrichtungen der Zukunft

Don Bosco

Geheimnisvolle Zeichen?!
Ganz einfach!

Wenn Sie den Kindergarten als Bildungseinrichtung verstehen, in der Kinder wichtige Impulse und die Grundlage für lebenslanges Lernen erhalten,

und Sie in der derzeitigen Bildungsdiskussion ein Wörtchen als Praktikerin vor Ort mitreden wollen, finden Sie hier eine Menge guter Argumente und Ideen, wie Kindergartenbildung verwirklicht werden kann.

Die Deutsche Bibliothek – CIP-Einheitsaufnahme

Ein Titeldatensatz für diese Publikation ist bei Der Deutschen Bibliothek erhältlich.

1. Auflage 2000 / ISBN 3-7698-1232-8

Umschlag: Michael Brandel
Umschlagfoto: Max Loy
Fotos: S. 10, 58, 60, 106: Volkssternwarte München,
S. 16: Roswitha Nagele, Kindergarten Innsbruck,
S. 21, 49, 72, 74: Irmgard Burtscher,
S. 25, 29, 33, 37, 51, 53, 55, 62, 83, 93: Jochen Fiebig,
S. 46: SIN, Studio im Netz, München
Gesamtherstellung: Don Bosco Grafischer Betrieb, Ensdorf

Gedruckt auf umweltfreundlichem Papier

Inhalt

Einleitung
Bildung ist in aller Munde

In welchem Zusammenhang wird von Bildung gesprochen? Der Bildung von Kindern, Jugendlichen, Frauen und Männern wird viel Bedeutung beigemessen. Aufbruchsstimmungen in den Industriestaaten sind mit einem Aufbruch im Bildungswesen verbunden. Die Bildung der Menschen in den Entwicklungsländern wird als Meilenstein für ihre bessere Zukunft gesehen. Bildung soll also zum Fortschritt der Menschheit im Gesamten beitragen, Bildung ist und war Hoffnungsträger für die Weiterentwicklung jedes einzelnen Menschen zum Besseren hin (gesehen als eine zufriedene, erfüllte, gesunde Lebensführung, zum Wohle für sich selbst und die Mitmenschen).
Warum ist Bildung heute mehr denn je in aller Munde? Bildung wird als *das* Mittel angesehen, um in einer ungewissen Zukunft bestehen zu können. Wie sonst sollen Menschen mit der Informationsflut, dem riesigen Wissensangebot, den vielen sozialen, technischen, ökologischen und ökonomischen Umbrüchen, die prophezeit werden, sinnvoll umgehen können?
Ein allseits gebildeter Mensch ist gut gewappnet für alle Eventualitäten in seinem Leben. Ihn wirft nicht so schnell ein Ereignis aus der Bahn. Wir wünschen uns und unseren Kindern, dass uns Bildung zu einem menschenwürdigen Dasein befähigt.

Auf Fortbildungsveranstaltungen zum Thema »Bildung im Kindergarten«, haben die Organisatorinnen und Teilnehmerinnen (selten sind Erzieher dabei, deshalb aus Gründen der besseren Lesbarkeit die durchgängig weibliche Form) meist eine genaue Vorstellung von dem, was ich als Fortbildnerin vermitteln und klären sollte. Es geht ihnen vor allem darum,

- den eigenständigen Auftrag von Bildung in Kindertagesstätten (Bildung jenseits von »Fitmachen« für die Schule) bewusst zu machen und Kindergartenbildung neu zu definieren,
- in der Betreuungsdebatte das Thema Bildung nicht untergehen zu lassen,
- Bildung im Kindergarten nicht nur an großen Einzelaktionen festzumachen, sondern die Bildungsmöglichkeiten im Kindergartenalltag herauszustreichen und bewusst zu machen,

- aufzuräumen mit der Vorstellung, dass Bildung Kleinkinder überfordere oder gar schädlich sei für sie,
- Schluss zu machen mit der, immer noch von vielen Eltern erwarteten, »Bastelpädagogik« (Erwartung an Mitbringsel aus dem Kindergarten als Beweis dafür, dass im Kindergarten etwas geschieht),
- Mut zu bekommen, trotz schlechter Rahmenbedingungen in den Kindergärten, Bildung nicht aus den Augen zu verlieren,
- der Kindergartenbildung eine Verbindlichkeit aufzuerlegen. Gibt es konkrete Bildungsinhalte mit Bildungszielen, die Kleinkinder während der Kindergartenzeit vermittelt bekommen sollen? Wenn ja, wie könnte so ein Bildungskatalog für den Kindergarten aussehen?
- etwas über die Bedeutung von Bildung für das Kind im Kindergarten zu erfahren. Wie ist beispielsweise die Aussage: »Bildung trägt von klein auf zur Persönlichkeitsentwicklung und zum Selbstbewusstsein bei«, konkret zu verstehen?

Diskutieren Erzieherinnen die Bedeutung von Bildung im Kindergarten, wird immer wieder deutlich: Dieses Thema ist für das Berufsverständnis von großem Interesse, bestätigt es doch die Einschätzung von der Wichtigkeit ihrer Arbeit. Oft stellen die Erzieherinnen bei intensiver Beschäftigung mit dem Thema Bildung auch fest, dass sie nun viel besser vertreten können was sie tun, dass ihnen bewusst wird, wie viel sie tagtäglich an Bildung im Kindergarten leisten und wie sie dieses Bewusstsein ermutigt, weiter zu machen und Neues auszuprobieren.
Ich wünsche mir, dass das Buch einen Beitrag dazu leisten kann, Kindertagesstätten als Bildungseinrichtungen der Zukunft wahrzunehmen.
Ich hoffe, dass Erzieherinnen hier beschriebene Argumentationshilfen verwenden werden, um in der Öffentlichkeit mit Vehemenz ihren Bildungs-Kindergarten zu vertreten. Stehen Sie zu Ihrer Arbeit! Sie ist viel zu wertvoll, um von der Gesellschaft nicht anerkannt zu werden! Sie gestalten gemeinsam mit den Eltern das Fundament für die Bildungsgesellschaft der Zukunft! Helfen wir den Kinder, sich in der Welt heimisch zu fühlen. Ermöglichen wir ihnen als allseitig gebildete Persönlichkeiten, staunend, analysierend, neugierig, reflektierend und sich wundernd durch das Leben zu gehen.

Ich würde mich freuen, wenn ich viele Erzieherinnen dazu ermutigen kann, Bildung im Kindergarten als Chance zur persönlichen und beruflichen Weiterentwicklung zu sehen und als interessante Herausforderung an ihren Beruf zu verstehen.

Irmgard Maria Burtscher

1. Kapitel
Die Bedeutung von Bildung im Kindergarten

Was ist Bildung im Kindergarten nicht?

Überlegen Sie kurz – was fällt Ihnen ein, wenn Sie die Frage lesen? Sicher kommen Ihnen spontan Dinge in den Sinn, die im Kindergarten nichts zu suchen haben, etwa isolierte Lernfächer und so genannte schulische Lernmethoden.

Frage ich auf Fortbildungsveranstaltungen Erzieherinnen, was Bildung im Kindergarten nicht ist, dann bekomme ich Antworten wie: kein Eintrichtern von Lerninhalten, kein Abhandeln von Lernprogrammen, kein ausschließlich kognitives Lernen, nicht leistungsorientiert, kein Pauken von Wissensbeständen und Überprüfen des Gelernten mit Notengebung, keine lehrplanmäßige Unterweisung, kein Fächerunterricht.

Wir sind uns einig: Frühkindliche Bildung grenzt sich von der traditionellen Schulbildung inhaltlich und methodisch ab. Warum? Wir wissen, wie schwer es Kleinkindern fällt, längere Zeit ruhig zu sitzen, leise zu sein, sich konzentriert auf eine von außen an sie gestellte Aufgabe unter Zeitdruck einzulassen und ergebnisorientiert zu arbeiten. Wenn wir uns ein vierjähriges Kind vorstellen, dem ein Erwachsener das Buchstabenschreiben »beibringen« will – das Kind soll in zehn Minuten drei Zeilen lang den Buchstaben A schreiben, hat aber kein Interesse an der Aufgabe – dann wissen wir, wie Kleinkinder *nicht* lernen und *nicht* gebildet werden sollten.

Schulische Wissensvermittlung widerstrebt dem Wesen eines Kleinkindes (und oft genug auch dem Wesen von Kindern und Jugendlichen). Sind Kleinkinder deshalb keine Lernenden? Gibt es eine Wissensvermittlung, Wissensaneignung und Bildung auch außerhalb des schulischen Rahmens? Auch schon vor der Schule?

Diese Frage ist leicht mit »Ja« zu beantworten, wenn wir uns bewusst machen, was Kinder vom Säuglingsalter bis zum Schuleintritt schon alles gelernt haben. Gesunde und gut versorgte Kleinkinder sind Wissensaneigner, Wissensverarbeiter und Lernende rund um die Uhr. Oft übersehen wir das einfach: Wir meinen, Kleinkinder spielen und bewegen sich ja »nur« und »werkeln« mit irgendetwas herum. Und es ist uns nicht so richtig bewusst, welchen großen Einfluss

Nach den Sternen greifen? Anhand des Planetenmodells wir die kindliche Neugier für unsere Erde und die Himmelskörper greifbar. Kinder können sich auch solch komplexen Wissensbereichen wie der Astronomie nähern, wenn die Inhalte kindgerecht angeboten werden.

Eltern und Erzieherinnen in diesem Prozess der Weltaneignung für das Kleinkind haben.

Die Bedeutung der Kindergarten-Bildung wird unterschätzt

Bildung im Kindergarten wird im öffentlichen Bewusstsein vernachlässigt. Die ersten sechs oder sieben Jahre sind ein dunkler Fleck in der Bildungslandschaft. Diese Zeit, frei von Leistungs- und Zeitdruck, wäre eigentlich optimal um ein breites Bildungsfundament zu legen. Doch wer sieht die immensen Bildungsmöglichkeiten im Kindergarten?

Dem Kindergarten fällt es schwer, als Bildungseinrichtung ins öffentliche Bewusstsein zu dringen und ernst genommen zu werden. Das Wort »Kindergartenbildung« hört man im Vergleich zu Schulbildung, Erwachsenenbildung, Fortbildung selten. Da wo sich ältere Kinder, Jugendliche und junge Erwachsene tummeln, an Schulen und Hochschulen wird Bildung als Selbstverständlichkeit gesehen, Familie und Kindergarten aber, die Aufenthaltsorte für kleine Kinder, werden zur bildungsfreien Zone erklärt. Das kann nur damit zusammenhängen, dass Bildung im Vorschulbereich schwer zu definieren ist, nur unklare Vorstellungen vorherrschen oder Kleinkindern jede Art von Bildbarkeit abgesprochen wird.

Die Wald- und Wiesen-Pädagogik, die Basteltanten, das Jahreszeiten- und Feste-Curriculum, dieses Image klebt am Kindergarten und ist nur schwer abzulegen. Informierte Eltern kennen vielleicht Montessori-, Waldorf-, Reggio-Pädagogik und den Situationsansatz, manche sind begeistert von der »Zurück-zur-Natur«-Philosophie der Waldkindergärten und von den kreativen Möglichkeiten einer spielzeugfreien Zeit im Kindergarten.
Viele Zeitströmungen und Modeerscheinungen musste der Kindergarten schon überstehen. Der Vorwurf in den 60er bis 70er Jahren, die Kinder dumm zu halten, saß tief. Bildung war gleichgesetzt mit Schulbildung, deshalb war die logische Konsequenz, eher mit der Schule zu beginnen. Gezielt auf die Schule vorbereiten und hinarbeiten, auch das wurde ausprobiert und größtenteils wieder verworfen. Heute steht der Kindergarten wieder im Verdacht, die Kinder »versauern« zu lassen (vgl. Zeitungsartikel, S. 12). Bildungs- und Förderkurse in der Freizeit der Kindergartenkinder und die erneute Diskussion um die Einschulung der Fünfjährigen stempeln die Kindertagesstätte zur bloßen Betreuungseinrichtung ab.

Man traut dem Kindergarten einerseits nicht so recht zu, Kleinkindern wirklich etwas intellektuell Anspruchsvolles bieten zu können. Andererseits wird die Bedeutung von Bildung im Kindergarten unterschätzt, fehleingeschätzt und nicht wahr genommen. Kleinkind und Bildung scheinen nicht zusammenzupassen. Ja, es herrscht sogar die Meinung vor, Kleinkinder müsse man vor Bildung schützen, da sich sonst die inneren Kräfte nicht entfalten könnten. Nachgefragt, was diese inneren Kräfte sind, kann niemand eine genaue Antwort geben.
Zwischen frühem akademischem Training, um für die Schule fit zu werden und ungestörtem Spielen, damit sich die inneren Kräfte entfalten können, scheint es wenig Alternativen zu geben.

Es heißt zwar im Kinder- und Jugendhilfegesetz, Kindertagesstätten hätten für »Betreuung, Erziehung und Bildung von Klein-

Bayern will vorzeitige Einschreibung erleichtern

Schon mit fünf Jahren in die Schule

Zudem soll es in nicht allzu ferner Zukunft zwei Einschulungstermine pro Jahr geben

Von Roswitha Loibl

München – Bayerische Kinder sollen früher in die Schule kommen. Deshalb hat das Kultusministerium die bisher strenge Stichtagsregelung für Fünfjährige und knapp Sechsjährige gelockert. Außerdem wird es in nicht allzu ferner Zukunft zwei Einschulungstermine pro Jahr geben, im Herbst und im Frühjahr. Ohne Test keine Schulaufnahme: Das war bisher die Regel, wenn Eltern ein Kind einschreiben wollten, das nach dem 30. Juni sechs Jahre alt wurde. Zum Schuljahr 2000/01 genügt nun aber ein schriftlicher Antrag der Eltern, wenn Tochter oder Sohn vor dem 31. Juli geboren sind. Dann muss die Schule das Kind aufnehmen, wenn es schulfähig ist. Dieser „Korridor“ verlängert sich in den kommenden Jahren. 2001/02 gilt dieses Verfahren für Kinder, die vor dem 31. August sechs Jahre werden, 2002/03 reicht die Frist bis zum 30. September.

Um besonders begabte Sprösslinge nicht im Kindergarten versauern zu lassen, dürfen nun auch schon Fünfjährige angemeldet werden, die zwischen dem 1. Januar und dem 30. Juni 1995 geboren sind. Ob sie wirklich reif für die Schule sind, muss allerdings ein Psychologe feststellen. Gibt er ein positives Gutachten ab, können sich die Kleinen schon in diesem Herbst auf ihre Schultüte freuen.

„Die Kinder kommen heute mit vergleichsweise hohen Vorkenntnissen in die Schule“, erläutert Dorothee Erpenstein, Pressesprecherin des Kultusministeriums, die Gründe für den flexiblen Schulanfang. Darüber hinaus wünschten immer mehr Eltern eine frühe Förderung ihrer Kinder. Der Altersdurchschnitt in den Klassenzimmern wird deutlich sinken. Zur Zeit werden in Bayern etwa vier Prozent aller Kinder zurückgestellt, und ebenfalls vier Prozent kommen als „Vorzeitige“ – nach dem 30. Juni Geborene – in die Schule. Besonders lange lassen sich die Oberfranken Zeit mit der Einschulung. Hier liegt die Quote der Zurückstellungen über dem Landesdurchschnitt, so Erpenstein.

Die Vermutung, Klagen der Wirtschaftsverbände hätten bei der Neuregelung eine Rolle gespielt, weist sie zurück. In den vergangenen Jahren war wiederholt Kritik laut geworden, dass viele deutsche Kinder erst mit sieben Jahren eingeschult würden – im europäischen Vergleich ein spätes Alter. In England und den Niederlanden beispielsweise beginnt die Schulpflicht schon mit fünf Jahren. Auf ganz neue Wege begeben sich die Modellschulen, die einen zweiten Einschulungstermin im Frühjahr anbieten wollen. Noch ist nicht klar, wann dieser Versuch starten wird, aber es könnte schnell gehen, meint Dorothee Erpenstein: „Möglicherweise schon zum kommenden Schuljahr.“ Erfahrungen mit den neuen Modellen gibt es schon aus anderen Bundesländern. So bietet Baden-Württemberg den „Korridor“ für Kinder mit Geburtstag im Juli, August und September seit fast zwei Jahren an.

Auch der Schulanfang im Februar oder März ist dort schon seit 1998 möglich. 22 Grundschulen (von insgesamt rund 2500) im „Ländle“ bieten diese Möglichkeit an. Dort werden die ABC-Schützen des Frühjahrs in Klassen integriert, die schon im September mit der Schule begonnen haben. Deren Wissensvorsprung sei kein Problem, heißt es in einem Zwischenbericht zum Modellversuch: „Bei fast allen Kindern konnte eine beschleunigte Lernentwicklung beobachtet werden.“

Aus der Süddeutschen Zeitung vom 03.04.2000

kindern« zu sorgen, doch Bildung ist immer das erste, was den neuesten Sparmaßnahmen zum Opfer fällt. Betreuung hat Priorität. Betreuung bedeutet: Aufpassen, dass dem Kind nichts passiert. Das Kleinkind soll im Kindergarten gut versorgt sein, das heißt, nicht hungern, das Kind soll es warm und sauber haben, es soll spielen und sich bewegen können, – damit sind viele Eltern schon zufrieden. Was sollen sie auch mehr erwarten? Selten haben Eltern Vorstellungen davon, was der Kindergarten an Bildungsmöglichkeiten bieten kann, welche Bedeutung Kindergartenbildung für ihr Kind hat und haben könnte.

Was kann der Kindergarten tatsächlich an Bildungsmöglichkeiten bieten? Was muss er

bieten um Kleinkinder in der Gegenwart als Person wahrzunehmen, als junge Menschen, die das Recht darauf haben, diese Welt, in die sie hineingeboren wurden, kennen zu lernen?
Das Kleinkind ist ebenso wie jedes ältere Kind, jeder Jugendliche und jeder Erwachsene als eine Bildungsperson zu verstehen, die das Recht darauf hat, sich die Welt auf seine spezifische Art und Weise anzueignen. Dazu gehört auch, dass es die Welt gezeigt und erklärt bekommt und die eigene Position zu den Menschen und den belebten und unbelebten Dingen findet. Die Erzieherin kann diesen Prozess unterstützen. Sie kann dem Kleinkind ein breites Eintauchen in Wissensbereiche aller Art auf einem zeitgemäßen Niveau ermöglichen. Dazu muss ihr bewusst sein, dass in den Jahren, die das Leben eröffnen, die Eindrücke auf allen Gebieten besonders prägend sein können.

Bildung im Prozess der Persönlichkeitsentwicklung

Bildung und Persönlichkeitsentwicklung hängen zusammen. Sicher kennen Sie die Aussage: »Neben der Wissensvermittlung darf die Persönlichkeitsbildung nicht vernachlässigt werden.« Als ob wir es hier mit zwei gegensätzlichen Bereichen zu tun hätten!

Nehmen Sie sich die Zeit darüber nachzudenken, wie Bildung Ihre Persönlichkeitsentwicklung beeinflusste und beeinflusst. Sicher kennen Sie jemanden in Ihrem Umfeld, den Sie als gebildete Persönlichkeit bezeichnen würden. Wie kommen Sie gerade auf diese Person? Sind es die vielseitigen Interessen oder die Charaktereigenschaften, ist es die individuelle Lebensführung oder die Art, sich für andere zu engagieren und mit Menschen umzugehen, sind es die sprachlichen, wohlüberlegten Äußerungen oder ist es der Grad der Informiertheit? Oder die Summe von allem und mehr?
Sind wir Erwachsenen nicht verpflichtet jedem Kind die Möglichkeit zu bieten, über Wissen und Bildung seine Persönlichkeit zu entfalten?

Kleinkinder sind Persönlichkeiten, die unsere Erwachsenen-Unterstützung brauchen, um zu einer zufriedenen Lebensführung zu finden. Zu einer zufriedenen Lebensführung gehört die Weiterentwicklung der Persönlichkeit. Neue Erfahrungen und neues Wissen muss in bereits vorhandene Denkgewohnheiten und Erlebnisbestände integriert werden. An den wechselnden Herausforderungen des Lebens kann eine Persönlichkeit wachsen. Kinder in diesem Prozess zu unterstützen gehört genauso zu den Aufgaben von uns Erwachsenen wie sie zu befähigen, im weiteren Leben aus eigenem

Antrieb den Prozess der Persönlichkeitsentwicklung fortzuführen.

Lebenslange Bildung, im umfassenden Sinn verstanden, trägt zur Weiterentwicklung der Persönlichkeit bei. Die Persönlichkeitsentwicklung beginnt nicht erst in einem bestimmten Alter und endet nicht mit einem bestimmten Lebensabschnitt. Neue Herausforderungen sprechen neue Seiten einer Persönlichkeit an. Alte Einstellungen können sich ändern. Eine Persönlichkeit wächst mit der Lebenserfahrung. Jeder Mensch muss gegenwärtige Vorstellungen von sich mit vergangenen in eine harmonische Beziehung bringen. Das nennt man dann »sich selbst treu bleiben« oder »eine gefestigte Persönlichkeit haben«. Gemeint ist eine Beständigkeit in den Persönlichkeitszügen: »Ich kann mich auf jemanden verlassen«.

Das Kleinkind steht am Beginn seiner Persönlichkeitsentwicklung. Denken Sie an die Kinder in Ihrer Gruppe. Gehen Sie sie in Gedanken der Reihe nach durch. Wie würden Sie ihre Persönlichkeit beschreiben? Was macht für Sie die Persönlichkeit eines Kleinkindes aus?
Wie schnell definieren wir die Persönlichkeit eines Kindes im Kindergartenalltag über eine Verhaltensauffälligkeit. Das, was uns sofort ins Auge springt. Jedes Kind muss aber die Möglichkeit bekommen, seine positiven Entwicklungspotenziale zu entfalten, seine individuelle und soziale Persönlichkeit zu entwickeln.

In Kapitel 6 wird am Beispiel des vierjährigen Felix deutlich, welche Möglichkeiten in Kindertagesstätten vorhanden sind, auf die Persönlichkeit eines Kindes einzugehen: Als Erzieherin können Sie an der Bildungsgeschichte der Kinder anknüpfen, sie ergänzen und die Familienbildung unterstützen.
Sie helfen mit, die Persönlichkeit des Kindes weiterzuentwickeln, wenn sie es »da abholen, wo es steht« um ihm von dort neue interessante Wissens- und Erkenntnisfelder zu eröffnen.

Bildung im Prozess des Sich-selbst-bewusst-Werdens

»Ich bin mir bewusst, dass es mich gibt, ich weiß, wer ich bin, wie ich mein Leben führen möchte, welchen Sinn mein Leben hat, ich kenne meinen Platz auf dieser Welt, ich behaupte mich.«
Würden Sie mit diesen Aussagen Selbstbewusstsein umschreiben?
Im Laufe des Lebens macht das Selbstbewusstsein eines Menschen mehrere Entwicklungen durch. Von einem anfänglichen diffusen Selbstbewusstsein zu einem ersten

Bewusstwerden, dass es »mich« wirklich gibt bis zu Verunsicherungen in persönlichen Umbruchzeiten.
Kleinkinder stehen am Anfang dieses Prozesses. Selbstbewusstsein kann sich nur im Dialog mit Menschen und den Gegebenheiten dieser Welt (gemeint als ein breites Eintauchen in die Zusammenhänge dieser Welt) entwickeln. Das Kleinkind lernt in der Auseinandersetzung mit Menschen und Dingen sich selber besser zu verstehen.
Es erfährt mehr oder weniger bewusst: Wie reagiere ich auf die verschiedenen Menschen, wie wirken sie auf mich, was bewirke ich durch mein Tun, mein Verhalten und meine Aussagen bei anderen Menschen? Welche Dinge, Themen und Wissensbereiche sprechen mich an? Welche Zugänge zum Welt-Verständnis, zum Selbst- und Menschen-Verständnis wähle ich? Bei welcher Art von Wissensaneignung merke ich mir am meisten?

Wir Erwachsenen müssen in diesem Prozess des Aufbaus von Selbstbewusstsein für die Kinder »Rückmelder« sein. Kleinkinder müssen eine verlässliche Stelle für Rückmeldungen haben (im Kindergarten sind das die Erzieherinnen), die ihnen hilft ihre Emotionen zu verstehen (siehe Kapitel 5, Gefühle, S. 63), die ihnen ihre Verhaltensweisen verständlich macht und einen festen Rahmen für tolerierte Verhaltensweisen bietet (siehe Kapitel 5, Miteinander umgehen lernen), die ihnen hilft neues Wissen zu verarbeiten hilft und in den schon vorhandenen Bildungshintergrund der Kinder einwebt (siehe Kapital 5, Kunst, S.60).

Bildung im umfassenden Sinn verstanden trägt zum Sich-selbst-bewusst-Sein bei.
Bildung im Kindergarten spielt im Prozess der Persönlichkeitsentwicklung und des Sich-selbst-bewusst-Seins von Kleinkindern eine große Rolle.

Bildung verhilft zu Identität

Kinder, die sich auf bestimmten Gebieten gut auskennen, ihre Talente einsetzen oder sich ein bestimmtes Können angeeignet haben, wissen, sie sind der Autotypenspezialist, die Vogelkennerin, der Pizzafachmann, die Seilhüpfexpertin, das Rollenspiel-Organisationstalent oder die Pläneschmiederin. Fachwissen, Talente, Begabungen und Können gibt Kindern Identität. Dieses Expertentum können sich Kinder in der Familie angeeignet haben oder es kann sich im Kindergarten entwickeln. Es kann ein Teil der Persönlichkeit des Kindes werden und zum Selbstbewusstsein beitragen.
Spezialbildung, das Vertiefen in einen Wissensbereich, kann im Kindergarten beispielsweise durch das Anlegen von Sammlungen gefördert werden: Steine-, Muschel-,

Neue Welten erobern: Kinder lassen sich mutig und offen auf Neues ein. Diese Offenheit und Neugier kann der Kindergarten nutzen, indem er vielfältige Gelegenheiten zum Forschen und Entdecken schafft.

oder Federsammlungen. Eine Blumenausstellung mit Blumen, die vom Frühling an auf Spaziergängen gesammelt werden, lässt sich organisieren oder Fotos von heimischen Schmetterlingen können als Collage zusammengestellt werden. Oder: Drei Mädchen eignen sich besonderes Wissen an: »Wir sind die Kröten- und Frösche-Fachfrauen!«. Sie können ihr Wissen an die ganze Gruppe weitergeben.

Kinder bilden Kinder

Kinder mit speziellem Können sind geeignete »Lehrmeister« für andere Kinder: Florian beherrscht das Ausschneiden besonders gut, wie macht er das? Hier wirkt das Prinzip des Vormachens und der Nachahmung: Zeigen und sich zeigen lassen. Elisabeth ist Spezialistin beim Bällefangen und werfen. Sie kann Bälle anderen Kindern »schön« zuwerfen. Gleichzeitig stellt die Erzieherin ihr Aufgaben, an denen sie ihr Ballgefühl weiterentwickeln kann: »Hast du schon einmal Federball gespielt? Komm, wir wollen Boccia spielen!«

Natürlich soll die Identität eines Kindes nicht nur von seinem Spezialwissen, Talent oder Können abhängen. Die Kindergartenbildung soll ja gerade eine breite Bildungsgrundlage schaffen. Aber es bestärkt das Bild, das sich ein Kind von sich selbst macht, positiv, wenn es sich im Kindergarten auf einem speziellen Gebiet kompetent erleben und sein Wissen und Können auch an die anderen Kinder weitergeben kann.

Bildung ist zukunftsweisend

Bildung im Kleinkindalter ist zukunftsweisend! Gibt es denn schon im Vorschulalter die Möglichkeit, durch Bildung die Zukunft der Kinder positiv zu beeinflussen? Wissen wir, was die Zukunft unseren Kindern bringen wird? Können wir Kinder für zukünftige Herausforderungen mit Bildung wappnen – noch dazu Kleinkinder, deren Erwachsenendasein in weiter Ferne liegt? Was werden unsere Kinder in der Welt von morgen brauchen?

Kindertagesstätten legen einen Fundus an Bildungsgrundlagen, die in die Zukunft weisen. Im Einzelnen handelt es sich um:

- Lebensführungshaltungen
- Einstellungen zum Lernen
- soziale Umgangsformen
- Herangehensweisen an Wissensgebiete
- Schlüsselqualifikationen
- Denkgewohnheiten
- Umgang mit Wissensbeständen
- Wissensgrundlagen
- Erfahrungen zur Informationsgewinnung und
- Verarbeitung und Ahnungen von Wissenswelten.

Kinder können ihr Leben lang auf diesen Fundus zurückgreifen.

Bildung in der Kindertagesstätte, in einem breiten Kontext verstanden, gibt Sicherheit für zukünftige Herausforderungen im Leben der Kinder. Auf einige Bildungsgrundlagen möchte ich näher eingehen:

Lebensführungshaltungen

Gemeint sind solche Haltungen, die der körperlichen Gesundheit dienen. Welche Haltungen haben Sie aufgebaut, die für Ihre Gesundheit förderlich sind? Welche sind Ihnen als Kind angewöhnt worden und welche haben Sie sich selbst als Erwachsene angeeignet in den Bereichen Essen, Schlaf, Hygiene, Bewegung? Ein bewusster Umgang mit dem Körper trägt viel dazu bei, die Gesundheit aktiv aufrecht zu erhalten. Kindertagesstätten sind maßgeblich daran beteiligt, gute Lebensführungshaltungen bei Kleinkindern Grund zu legen. Erzieherinnen wissen aus ihren Erfahrungen als Erwachsene von welchen Haltungen Kinder auf lange Sicht profitieren und warum sie bestimmte Dinge bei Kindern einfordern müssen! Wie viel Zeit, Geld und Schmerzen können wir beispielsweise Kindern in ihrer Zukunft ersparen, wenn wir bei ihnen einen vernünftigen Umgang mit Süßigkeiten und Basis-Zahnhygiene ausbilden oder sie ein ausgewogenes Verhältnis zu Schmutz und Sauberkeit entwickeln. Kleinkindern kann sehr gut verständlich gemacht werden, warum Hände waschen vor dem Essen sinnvoll ist. Oft wachsen Kleinstkinder durch tägliche Routine in gesundheitsförderliche Haltungen hinein.

Umgangsformen

Ärgert es Sie manchmal, wenn Leute, die Ihnen bekannt sind, nicht grüßen, unpünktlich sind oder mit einer Selbstverständlichkeit Ihre Dienste in Anspruch nehmen, ohne sich zu bedanken? Ob man sich in einer Gemeinschaft wohlfühlt, hängt in hohem Maße damit zusammen, welche Formen des Miteinander-Umgehens vorherrschen. Über Vorbilder und Vorleben erlernen die Kinder die sozialen Spielregeln einer Gesellschaft.

In vielen Kindertagesstätten werden die Kinder einzeln, oft mit Handschlag, begrüßt und verabschiedet. Jedes einzelne Kind wird wahrgenommen.

Eine Exkursion ist geplant. Um zehn Uhr wird die Kindergruppe bei der Feuerwehr erwartet. Die Erzieherin achtet auf Pünktlichkeit und erklärt den Kindern, dass es unhöflich ist, jemanden warten zu lassen. Die Kindergruppe bedankt sich in einem »Brief« für die Führung.
Die Kinder erleben hautnah Umgangsformen in einem Sinnzusammenhang: Gruß, Verabschiedung, Pünktlichkeit, Dank. Bildung des rücksichtsvollen und höflichen Miteinander-Umgehens wird gerade in jungen Jahren Grund gelegt. Die sogenannten »guten Manieren« müssen mit viel Geduld von der Erzieherin ausgebildet werden: beim Niesen und Husten die Hand vor den Mund halten, nicht in aller Öffentlichkeit in der Nase bohren, sich rechtzeitig schnäuzen, beim Frühstücksbuffet nur die Lebensmittel berühren, die man auch essen will.

Denkgewohnheiten

Wie gehe ich an ein Problem heran, wie löse ich eine Fragestellung, gebe ich mich mit einfachen Antworten zufrieden, hinterfrage ich die Erklärungen, die man mir gibt?
Die Erzieherin kann die Kinder zu genauem Hinsehen, differenziertem Wahrnehmen und Urteilen anleiten. Dazu gehört, erst Fakten zu sammeln, dann vorsichtig eine Behauptung aufzustellen und diese Behauptung zu überprüfen (siehe auch Kapitel 5, Naturwissenschaften, S. 52).
Die »wissenschaftliche« Denkweise kann spielerisch eingeübt werden und ist für das ganze Leben eine ausgezeichnete Methode, den Dingen auf den Grund zu gehen.

Humorbildung

Die Erzieherin kann dazu beitragen, das Verständnis für Humor auszubilden. Zuerst beobachtet sie: Was finden die Kinder lustig? Was für Witze erzählen sie? Sie stellt den Kindern ein bereits bekanntes Bilderbuch mit lustigen Abweichungen vor. Gewohntes verdrehen und Realität verstellen, das macht Kindern Spaß.
Mit Humor gerüstet zu sein, trägt entscheidend zu einem gelingenden Leben bei. Wer gelernt hat, sich eine humorvolle, positive Einstellung zum Leben zu bewahren, sorgt auf diese Weise für die eigene psychische Gesundheit.

Eintauchen in Wissenswelten, Information gewinnen und verarbeiten

Kinder können bereits im Kindergarten erfahren, wie viel Spaß es macht, sich immer neuen Wissensgebieten zuzuwenden, sich Neues zu erarbeiten und zu eigen zu machen. Dinge, die einem zunächst nichts bedeuten, bekommen durch Beschäftigung mit ihnen plötzlich Bedeutung. Das Beispiel Astronomie im Kindergarten (siehe Kapitel 5, Naturwissenschaften, Astronomie, S. 57f) behandelt diesen Aspekt.
In der Kindertagesstätte werden Kindern Wege aufgezeigt, wie sie sich an Unbekanntes heranwagen können:
- Informationen sammeln (Eltern fragen, in Büchern oder anderen Medien nachschlagen, Diskussion untereinander, Fachleute einladen)
- aussortieren (Was können wir brauchen?
- Informationen verarbeiten (im Rollenspiel, im Gespräch, im Betrachten der Fotodokumentation zum Thema, neue Informationen in Zusammenhang setzen mit schon gewonnenen Erkenntnissen).

Die Kinder sammeln dabei wichtige Erfahrungen für das Leben und Arbeiten in unserer Informationsgesellschaft.

Erlebnisse verarbeiten

Erlebnisse für sich selbst nachklingen lassen, Vergangenes reflektieren lernen, sensibel dafür werden, wie Ereignisse auf mich und andere wirken – diese Fähigkeiten gehören zum Handwerkszeug in der Bildungsgesellschaft der Zukunft. Regelmäßige Gespräche im Kindergarten über Ereignisse und Erlebnisse machen Kinder sensibel dafür, wie Eindrücke auf sie selbst und andere wirken und welche Erkenntnisse daraus zu gewinnen sind.

Lernhaltung, Leistungsbereitschaft und Teamarbeit

Lernen funktioniert dann am besten, wenn es aus Interesse und Spaß an der Sache geschieht. Lernen kann als etwas Positives erlebt werden, aber es ist immer auch anstrengend: »Wann schaffe ich es endlich, den Turm so hoch zu bauen wie Christine?« Wenn sich Anstrengung und Üben lohnt, bilden die Kinder positive Lernhaltungen aus: sich aus eigenem Interesse vertiefen, nicht aufgeben, auch wenn es anstrengend wird, sich nicht mit dem erstbesten Ergebnis zufrieden geben, die Ergebnisse überprüfen. »Nun kann ich auch den Papierflieger falten!«
In der Kindertagesstätte können die Kinder die Erfahrung machen, dass Leistung erbringen etwas sehr befriedigendes sein kann. Man fühlt sich nach einer Anstrengung sehr wohl. Die Theateraufführung ist vorbei, das Lampenfieber, die Aufregung, die Anspannung, die Ungewissheit, ob alles klappt. Außerdem ist es ein gutes Gefühl, gemeinsam etwas geschafft zu haben! Sich von klein auf als teamfähig zu erleben, komplexe Aufgaben gemeinsam anzupacken – das ist jetzt und in der Zukunft gefordert.

Bildung verschafft Orientierung

Zeitliche Orientierung

Das Kleinkind kennt Geschichten aus seiner Familie, erzählt von den Eltern und Großeltern: wie die Oma den Opa kennen gelernt hat, mit was der Papa als kleiner Junge gerne gespielt hat, was die Mama gemeint hat, als sie einen kleinen Bruder (den Onkel Hans) bekommen hat. Das Kind bekommt eine Ahnung von Generationenfolge, von Vergangenheit, Gegenwart und Zukunft. Ein erstes Geschichtsverständnis wir angebahnt.
Wie kann man Zeit messen? Erste Messversuche verweisen auf eine neue Dimension: Was sind Zahlen? Die Jahreszeit wird mit einem Kalender gemessen, die Tageszeit mit einer Uhr oder dem Sonnenstand, Menschenalter mit Geburtstagen oder der Stellung in der Familie (Kinder, Eltern, Großeltern).

Reise in die Vergangenheit: Für Kinder ist es spannend, die eigene Familiengeschichte anhand von alten Bildern nachzuvollziehen. Sie lernen: Auch Oma war im Kindergarten. Daraus erwachsen Fragen: Womit hat Oma gespielt? Wie alt war sie auf dem Foto? Wie alt ist sie jetzt?

Im Kindergarten können Familiengeschichten verglichen werden. Meine Familie, deine Familie. Der Horizont erweitert sich. Wenn die Eltern einverstanden sind, kann für jedes Kind ein Familienstammbaum (mit Fotos) angelegt werden: acht Urgroßeltern, vier Großeltern, zwei Elternteile des Kindes, seine Geschwister, Tanten, …

Die Jahreszeiten werden erkundet. Was ändert sich? Beobachtungen in der Natur ergeben beispielsweise, dass die Jahreszeiten etwas mit dem Sonnenstand, mit der Sonnenscheindauer zu tun haben. Wann muss ich im Dunkeln aufstehen? Welches ist meine Lieblingsjahreszeit?

Erzieherinnen orientieren sich bei der Bildung von Zeitbegriffen am Vorstellungsvermögen von Kleinkindern und führen die Kinder weiter: »Noch dreimal schlafen und du hast Geburtstag. Heute ist Dienstag. Also kommt vorher noch der Mittwoch und der Donnerstag und dann endlich der Freitag: dein Geburtstag!«

Räumliche Orientierung

Orientierung in der näheren Umgebung wird in der Familie oft durch Spaziergänge Grund gelegt. Es werden immer die selben Häuser, Straßen und Bäume passiert. Durch die Wiederholung entsteht Vertrautheit. Der Orientierungssinn wird ausgebildet.

Der Weg zum Kindergarten kann durch eine für das Kind neue Umgebung führen. Die Orientierung im Kindergartenumfeld kommt dazu. Der Weg vom Elternhaus zum Kindergarten wird aufgezeichnet. Erste Landkarten abstrahieren die räumliche Orientierung und verlegen das »sich Zurechtfinden« auf eine andere Ebene. Ein Ortsplan mit einem Foto von jedem Kind zeigt, wo die anderen Kinder wohnen. Auf Erkundungsgängen kommt die Kindergruppe an den Wohnorten der einzelnen Kinder vorbei. »Hier wohnt Eva. Ist ihr Weg zum Kindergarten kürzer oder länger als der von Susi? Wie können wir das herausbekommen?«

Wie kann man Entfernungen messen? Schritte, Meter (Meterstab), Kilometer. Wer hat schon einmal das Wort Kilometer gehört? In welchem Zusammenhang und wer hat davon gesprochen?

Welche Hilfsmittel gibt es, um sich zu orientieren: Kompass, Landkarten, Globus, Sternenhimmel, Fernglas, Wegbeschreibung.

Was verwenden die Eltern, um sich im fremden Urlaubsland zu orientieren? Habt ihr schon einmal erlebt, dass jemand nach dem Weg gefragt hat: Wie komme ich zum Bahnhof? Wie erklären die Eltern am Telefon einem Besucher den Weg zu eurer Wohnung?

Unser Kindergarten von oben oder aus der Entfernung. Wo ist er? Wer findet ihn mit dem Fernglas? – Perspektivenwechsel durch Ortswechsel, Orientierung unter erschwerten Bedingungen, aber mit Hilfsmitteln.

Orientieren können wir uns:

- Im Gruppenraum: Wie war es als ihr zum ersten Mal hereingekommen seid und alles unbekannt war?
- Im Kindergartengebäude: Wer weiß von Euch, wo wir im Winter die Sandspielsachen aufbewahren?
- Im Garten: Irgendwo in unserem Garten steht ein Baum mit einer glatten Rinde. Wo ist das?
- In unserem Ort: Wie weiß der Briefträger, wo er die Post einwerfen muss? Warum bekommen Straßen Namen und Häuser

Nummern? Wer kennt seine eigene Adresse?

Die Kinder lernen, was Orientierungspunkte sind, wie es ist, wenn man in ein unbekannt es Umfeld kommt und nicht weiß, wo die Dinge sind und sie lernen, bewusst ihre Umgebung wahrzunehmen. Einige Kinder zeichnen einen Orientierungsplan für andere Kinder. Am Ziel ist ein »Schatz« versteckt. Orientierungspunkte müssen gefunden werden. An ihnen entlang führt der Weg zum Ziel.
Eine erste Ahnung von Orientierung im weiteren Raum kann vermittelt werden: Wer kennt den Nachbarort, die nächste größere Stadt, wer hat eine Tante, die nicht in der Nähe wohnt? Wer hat von weit weg schon Besuch bekommen? Wer ist schon einmal mit dem Flugzeug geflogen? (Wie findet der Pilot wohl den Flughafen?) Wohin fliegen Astronauten? Sie sehen unsere Erde vom Raumschiff aus. Was können sie erkennen? Die Erzieherin zeigt ein Foto-Poster mit der Erde, vom Weltraum aus aufgenommen. Wir sehen Meer, Land, Wolken, Gebirge, Seen.
Die Bildung einer ersten zeitlichen und räumlichen Orientierung geschieht in der Familie und in der Kindertagesstätte aus dem Lebenszusammenhang der Kinder heraus und öffnet den Blick auf weiterführende Ebenen.

Bildung dient der Lebensbewältigung

Kinder erfahren, wie es Menschen in ähnlichen Situationen, wie sie sie gerade erleben, geht. Ein Kind zieht um: Es erzählt von seinen aktuellen Umzugserlebnissen, von den positiven und negativen Seiten, eine Bilderbuchgeschichte nimmt sich dieses Themas humorvoll an, ein anderes Kind kann sich an seinen Umzug vor einem Jahr erinnern, die Kinder spielen Umzug. Ein Spielbereich wird eingepackt und an einem anderen Ort wieder eingerichtet. Welche Erfahrungen werden dabei gemacht?
Ein Geschwister kommt: Eine Mutter ist bereit, dieses Erlebnis mit der Gruppe zu teilen. Sie berichtet davon, wie das Kind in ihr wächst, welche Vorbereitungen sie anstellt, dann, wie das Baby gewickelt wird, wie das ist, wenn sich in der Familie plötzlich alles um das Baby dreht.
Ein Fisch im Kindergartenaquarium ist tot. Die Kinder erzählen von ihrem toten Haustier, wie traurig sie waren, was es bedeutet, etwas, das man gern hat zu verlieren.
Die Kinder hören Erzählungen aus Büchern zu dem Thema. Eigene Erlebnisse und Beobachtungen werden in der Gruppe ausgetauscht. Das Kind erfährt, wie andere Menschen mit der Situation umgehen. Sie lernen am Beispiel anderer. Mehrere Reaktions- und Verarbeitungsmöglichkeiten von Lebenssituationen werden dabei aufgezeigt:

Wenn man ein Haustier verliert, kann man traurig sein, aber auch wütend und zornig. Man denkt sich vielleicht: »Hätte ich nur meine Katze am Abend nicht mehr zur Türe hinaus gelassen, dann wäre sie nicht von einem Auto überfahren worden«.
Nach dem Umzug kann man entweder traurig sein, weil man seine Freunde vermisst und jammern, weil es am neuen Wohnort keine große Terrasse mehr gibt oder sich über den schönen, wenn auch kleinen Garten freuen, neue Freunde suchen und einen früheren Freund über das Wochenende zu sich einladen.

Erlebnisse und Ereignisse, die das Leben mit sich bringen und die Kinder beschäftigen und emotional berühren, werden von der Erzieherin bewusst aufgenommen und als aktueller Bildungsanlass betrachtet. Die Erzieherin hilft durch Gespräche, Rollenspiele und Erzählungen die Situation für das Kind zu klären und zu bewältigen. Die anderen Kinder bekommen Einblicke in Lebensbereiche, die sie auch auf die eine oder andere Weise einmal erleben werden. Die Kinder erweitern ihre Handlungs- und Beziehungsfähigkeit: Ereignisse im Leben können verschieden erlebt, gesehen und bewältigt werden.

Bildung trägt zur Sinnstiftung des Lebens bei

Ist das nicht ein bisschen weit hergeholt, werden Sie vielleicht fragen, den Sinn des Lebens im Kindergarten schon finden zu wollen?
Aber, wie finden denn Menschen einen Sinn in ihrem Leben, ein erfülltes Dasein, eine Betätigung, die sie zufrieden macht und die vielleicht auch anderen zugute kommt? Sie müssen doch zuerst herausfinden, von welchen Bereichen sie sich angesprochen fühlen, was sie für sinnvoll erachten, wo sie sich kompetent fühlen, wofür sie sich engagieren wollen und welcher Leistungen sie fähig sind.
Menschen finden ihren Lebenssinn, indem sie sich einem Wissensgebiet verschreiben, mit Leib und Seele forschen, sich im Naturschutz engagieren, Menschen beraten, sich im künstlerischen Bereich ausdrücken, weil sie das Schöne auf dieser Welt vermehren wollen, sich politisch einsetzen und für die Rechte von Minderheiten kämpfen, sich pflegerisch um andere kümmern, für ihre Familie da sind, Kinder unterrichten …
Kindergartenpädagoginnen öffnen Kindern neue Lebensbereiche und neue Wissensbereiche, sie gehen auf Interessen und Stärken ein, beobachten Begabungen, suchen Tätigkeitsfelder, unterstützen die Neigungen der Kinder, erzählen von Menschen, die sich für

Lernen in konkreten Lebensbezügen: Kinder erobern sich ihre Welt durch direktes Erleben und Erforschen vor Ort. Das Wachsen der Früchte kann man beobachten, man kann an den Früchten schnuppern, sie anfassen und probieren.

andere Menschen, die Natur, für die Kunst oder Wissenschaft einsetzen und eingesetzt haben, laden Menschen ein, die sich mit Leib und Seele einer Tätigkeit verschrieben haben.

Eine Tante ist aktiv im Tierschutzverein tätig. Sie erzählt den Kindern vom entlaufenen Kaninchen, das sie wieder den glücklichen Kindern zurückbringen konnte, von dem kleinen Kätzchen, das nicht mehr nach Hause fand und nun an einem guten Platz untergebracht ist, vom Wellensittich, den sie an einem kalten Wintertag gerade noch rechtzeitig gefunden und eingefangen ha-

ben. Was es bedeutet »sich um Tiere zu kümmern« wird am Beispiel der Tante für die Kinder begreifbar.
An Vorbildern erahnen die Kinder, was es heißt, sich für etwas zu engagieren.
Ein Großvater ist Landwirt und lädt die Kinder auf seinen Bauernhof ein. Die Kinder hören von der täglichen Arbeit im Stall, wie viel Mühe und Freude es dem Großvater macht, die Tiere zu versorgen und wie er Zeit seines Lebens auf dem Bauernhof gearbeitet hat. Die Kinder erfahren, wenn auch teilweise unbewusst, von Beispielen, wie andere Menschen ihrem Leben einen Sinn geben und gaben. Vielleicht entsteht der Wunsch, sich »wenn ich dann groß bin«, auch für etwas einzusetzen oder sich einer Sache ganz zu widmen. Eindrücke und Erlebnisse aus dem Kindergarten können für Kinder lebensweisend werden. Der Entscheidung, welchen Bereichen sich ein Mensch im Leben widmen möchte und welchen eher nicht, geht ein langer Prozess voran, der in jungen Jahren seinen Anfang nehmen kann.

Bildung vermittelt Verständnis für die Welt

Wo wohnen Menschen in anderen Kulturen? Wie geht es Kindern in fremden Ländern? Wie lebt eine Familie in China? Wie sprechen italienische Kinder? Wie klingt afrikanische Musik? Im Kindergarten wird eine mexikanische Nationalspeise gekocht.
Welche Dinge gibt es und wie hängen sie zusammen: Warum bekomme ich Schnupfen, wenn meine Freundin erkältet ist? Warum entsteht bei Regen und Sonnenschein manchmal ein Regenbogen?
Wie lassen sich bestimmte Phänomene erklären: Wenn mein Magen knurrt, habe ich Hunger. Wenn sich die Zugvögel im Herbst sammeln, fliegen sie in wärmere Länder und kommen erst im Frühling zurück.
Bildung führt die Kinder zur Begegnung mit neuen Wirklichkeiten, etwa wenn sie die musikalische Dimension der Wirklichkeit erleben. Beim Musikhören tauchen innere Bilder auf. Was hat sich z.B. Vivaldi beim Komponieren der »Schlittenfahrt« wohl vorgestellt? Musik kann auch Gefühle auslösen. Am Beispiel von Filmmusik können die Kinder erraten, zu welcher Geschichte die Musik passt. Beim Malen zur Musik von Mozart, können die Kinder in sich hineinspüren, welche Farb- und Formvorstellungen die Musik auslöst.
Bildung lässt Kinder in neue Lebensbereiche eintauchen, beispielsweise: Wie können blinde Menschen lesen, wie können sich gehörlose Menschen verständigen?
Fragen der Kinder zeigen, womit sie sich beschäftigen, was sie erstaunt und was sie wissen wollen. Kindergartenpädagoginnen sollten die Welt mit den Augen der Kinder sehen

und mit ihrem eigenen Verständnis der Welt zurückhaltend sein. Erzieherinnen müssen stets fragen: Was können die Kinder von diesem Weltausschnitt wohl verstehen? Was wissen sie schon darüber? Wie kann ich ihr Wissen vertiefen und verbreitern? Welche Methoden wende ich an, dass Kinder sich Wissen aktiv aneignen können? Wo gebe ich Hilfestellung? Welche Materialien stelle ich bereit? Welche Menschen lade ich ein? Welche Exkursionen plane ich?

Rollenspiele sind beispielsweise ausgezeichnete Gelegenheiten, Verständnis für soziale Bezüge zu wecken, Erklärung für emotionale Regungen und Ideen zur Erweiterung und Vertiefung von Fachwissen zu bekommen. Beobachtet die Erzieherin Rollenspiele der Kinder, kann sie gezielt nachfragen: Ihr habt Krankenhaus gespielt, Nina war die Frau Doktor und Johannes der Krankenpfleger. Wer von euch war krank? Warum seid ihr im Krankenhaus gewesen? Wie geht es Menschen, die dort liegen? Wer besucht die Kranken? Welche Untersuchungen kennt ihr? Wer hat schon einmal ein Röntgenbild gesehen?

Ist die Erzieherin beim Rollenspiel dabei, ergibt sich eine großartige Chance, Bildung zu vermitteln, Weltverständnis zu vertiefen, Einsicht in neue Perspektiven zu gewähren! Beispielsweise im beliebten Familienrollenspiel: Die Erzieherin ist das »kleine Kind« und hilft mit, das Rollenspiel zu moderieren. Es gibt Mutter, Vater, ein Baby, Großeltern … Die Erzieherin bekommt Einblicke in das Rollenverständnis der Kinder: Wer ist für den Haushalt zuständig? Wer ist außer Haus berufstätig? Sie kann bei Unklarheiten vermitteln und Vorschläge machen: Was kochen wir heute? Wohin gehen wir einkaufen? Wohin fahren wir in den Urlaub? Sie stellt als »Kind« Fragen an die »Eltern«: Warum kann ich heute nicht zu Hause bleiben? Warum müsst ihr immer so lange arbeiten?

Bildung geschieht im Kindergarten auch im Rollenspiel. Im Familienspiel erfährt das Kind beispielsweise Einblicke in Familienkonstellationen und das Verständnis für Verpflichtungen, die man auf sich nimmt, wenn man eine bestimmte Rolle innehat, wächst.

2. Kapitel
Der frühkindliche Lerncharakter

Null Bock auf Krabbelnlernen?

Wie lernt ein Schulkind den Schulstoff, wie lernt ein Erwachsener für die Prüfung zur beruflichen Weiterqualifizierung? Ein Schulanfänger muss zunächst Lernstrategien entwickeln, muss das Lernen lernen, muss lernen, das Lernpensum einzuteilen, den Stoff vor- und nachzubereiten, sich auf die Hausaufgaben zu konzentrieren und aufzupassen.

Vor dem Schuleintritt muss Lernen demnach wohl anders vor sich gehen. Dafür sprechen die »Lernergebnisse«: Innerhalb von wenigen Jahren wird aus dem hilflosen Säugling ein sprechendes, springendes, sich aktiv die Welt aneignendes, sich weitgehend selbstversorgendes Menschenkind. Welche Lernstrategien haben also Kleinkinder? Was motiviert sie diese Dinge zu lernen? Warum sind sie so »versessen« darauf, selbstständig zu werden, zu kommunizieren, die Welt zu erkunden?
Hat schon jemand gehört, dass ein Kleinkind verkündet: „Ich habe heute keine Lust meine Muttersprache zu lernen«? Oder ein Krabbelkind legt eine Lernpause ein, weil es »Null Bock« auf das Krabbelnlernen hat?
Es heißt, für die Schulanfänger beginnt der »Ernst des Lebens«. Darunter wird meistens das Lernen für Noten, Lernen, um bestimmte Ergebnisse zu erzielen, Lernen, um es im Leben zu etwas zu bringen, verstanden. Lässt sich dieses Spaßhaben am Lernen, dieses innere Getriebensein, sich neue Dinge anzueignen, nicht hinüberretten in den Prozess des Erwachsenwerdens, in das schulische und berufliche Lernen, in das lebenslange Lernen? Es ist offenkundig, dass Kleinkinder gar nicht anders können, als sich spielend und lernend mit der Umwelt und den Menschen auseinander zu setzen. Diese geballte Willenskraft, die Kinder aufbringen, um das ganze Lernpotenzial einzusetzen, um es sich in dieser Welt heimisch zu machen und um zu verstehen, was da auf der Erde so vor sich geht, würde auch Schulkindern, Jugendlichen und Erwachsenen zugute kommen. Wenn wir uns mit frühkindlicher Bildung beschäftigen, müssen wir uns diese nicht »schulische« Lernhaltung, dieses andere Lernen – ein Lernen ohne sich zu »drücken«, ohne sich »durchzuschwindeln«,

Mit den Augen von Kindern sehen: Lassen Sie sich von der kindlichen Neugier, Hingabe und Begeisterungsfähigkeit anstecken. Zeigen Sie selbst deutlich, wofür Sie sich interessieren. Echtes Interesse kann als zündender Funke wirken und bei Kindern entsprechende Wissbegier hervorrufen.

ohne sich »vorsagen« zu lassen, ohne von anderen die Lernaufgaben »abzuschreiben« – immer wieder vor Augen führen und bewusst machen. Der frühkindliche Lerncharakter ist geprägt von Eigenschaften wie Wissbegierde, Neugierde, Begeisterungsfähigkeit, Freiwilligkeit, Ausdauer, Unabhängigkeit von »Belohnung«. Kinder sind getrieben von innerer Motivation, den Dingen auf den Grund zu gehen, sind fasziniert von etwas, können sich wundern, sich einer Sache hingeben und sich auf eine selbstgestellte Aufgabe konzentrieren. Daraus können sich spezifische Interessen entwickeln, die mit »Sturheit« verfolgt werden. Außerdem können Kindergartenkinder in einer Atmosphäre weitgehend unabhängig von einem äußeren Zeitkorsett lernen.

Diesen frühkindlichen Lerncharakter können Sie jeden Tag im Kindergarten beobachten. Sammeln Sie frühkindliche Lernsituationen. Schulen Sie Ihren Blick für alltägliche Lernprozesse. Beobachten Sie, wie Sie auf Lernsituationen eingehen und das Lernen der Kinder unterstützen. Sie werden feststellen, was für hochkarätig Lernende die Kinder Ihrer Gruppe sind!

Übung

- Beobachten Sie, wann und bei welcher Betätigung die Kinder mit Begeisterung bei einer Sache sind.
- Was löst diese Begeisterung aus? Wie unterstützen Sie diese Begeisterung?
- Wie erleben Sie die Neugierde der Kinder?
- Wie reagieren Sie auf die wissbegierigen Kinder?
- Wie wollen die Kinder etwas erforschen? Welche Hilfestellung geben Sie?
- Welche Interessen beobachten Sie bei den Kindern? Wie gehen Sie darauf ein?
- Welche Lernsituationen suchen einzelne Kinder für einen längeren Zeitraum immer wieder auf und können nicht genug davon bekommen?
- Wie reagieren die Kinder, wenn Sie ihnen Experimentiermaterial bereitstellen?
- Wie verhalten sich die Kinder auf einem Erkundungsgang, auf der Wiese, im Wald?

Auf zwei Merkmale des frühkindlichen Lerncharakters möchte ich näher eingehen: Neugierde und Interesse.
Neugierde und Interesse hängen zusammen. Zuerst ist die Neugierde da, daraus kann sich ein längerfristiges Interesse entwickeln, dieses Interesse wird mit Neugierde aufrechterhalten. Ein vierjähriges Mädchen findet ein leeres Schneckenhaus. Neugierig betrachtet es das Fundobjekt. Was ist das? Warum ist keine Schnecke drin? Warum braucht die Schnecke ein Haus? Der zufällige Fund ist der Start für eine Schneckenhaussammlung. Das Interesse ist erwacht. Eltern und Erzieherin unterstützen das Interesse durch Gespräche, Bücher anschauen, im Lexikon nachschlagen, eine Ausstellung besuchen, einen Schneckenfilm anschauen. Die Gruppenkinder bringen leere Schneckenhäuser mit. Das Interesse hat die ganze Gruppe erfasst. Für einige Zeit wird ein Schneckenzoo eingerichtet. Was fressen Schne-

cken? In welcher Umgebung fühlen sie sich wohl? Neugierig beobachten die Gruppenkinder ihre Schnecken im »Gehege«.

Unendliche Neugierde

In einem Interview mit der Mutter eines siebenjährigen Mädchens ist zu erfahren, dass Annas Neugierde derzeit vor allem sozialen Beziehungen gilt.

> **Interview**
>
> *Welche Fragen stellt Anna zur Zeit?*
> *Mutter:* Also sie will allen Dingen auf den Grund gehen. Wo kommt das her? Warum ist das so? Und was Erwachsene sagen, das will sie immer alles wissen. Sie hört da immer zu. Das ist mir oft gar nicht recht. Ich sag, das geht sie jetzt eigentlich gar nichts an. Sie fragt dann nach. Wer ist das? Und kenn ich den? Und warum und wieso.
> *Sie ist sehr aufmerksam.*
> *Mutter:* Neugierig würde ich das schon fast bezeichnen.
> *Eine positive Eigenschaft.*
> *Mutter (lacht):* Ich sehe das nicht immer so positiv, Neugierde.
> *Weil sie auch anstrengend ist, oder?*
> *Mutter:* Ja, ja.
> *Aber sonst ist das eine Grundhaltung, die man nicht zuschütten, sondern aufrecht erhalten und fördern soll. Mit Neugierde kommt man im Leben einfach weiter.*
> *Mutter:* Ja, ja, freilich. Aber ich neig schon dazu, dass ich sage: ›Spiel einmal, geh weiter, das ist jetzt für Erwachsene.‹ Erwachsene reden oft über alles Mögliche. Das sind Sachen, die braucht sie einfach noch nicht zu hören. Sie lässt sich da nicht abschütteln (lacht).

Neugierige Kinder sind anstrengend. Das erleben Sie tagtäglich im Kindergarten. Neugierde schafft den Impuls, sich neuen Dingen zuzuwenden, Zusammenhänge zu erfassen, Einsichten zu gewinnen. Sie ist eine Grundvoraussetzung für jedes Lernen. Kleinkinder fragen: Wie und warum? Was ist das? Sie werden von neuen Dingen »magisch« angezogen. Sie *müssen* ihre Neugierde befriedigen. Sie untersuchen aufmerksam das Neue, spielen damit, fragen nach, sie wollen der Sache auf den Grund gehen.

Erzieherinnen können sich sicher gut in die neugierige Anna einfühlen. Als kleine Mädchen haben sie sicher ähnliche Erfahrungen mit ihrer Neugierde gemacht. Immer wenn es spannend wurde, schickten die Erwachsenen sie weg. Und manche erinnert sich si-

cher auch an Erwachsenensprüche wie: »Neugierige Kinder bekommen eine lange Nase, weil sie sie überall hineinstecken müssen«, oder »Neugierige Kinder bekommen große Ohren, weil sie alles hören müssen«.
Was Erwachsene miteinander reden ist für viele Kinder höchst interessant. Neugierig spitzen sie ihre Ohren. Aus Gesprächsfetzen konstruieren sie Sinnzusammenhänge. Ein fünfjähriger Junge hört wie Erwachsene über Linkshänder sprechen. Er ist Linkshänder und hört neugierig zu. »Linkshänder tun sich in der Schule schwerer«, schnappt er auf. »Warum tue ich mich in der Schule schwerer?«, fragt er später die Mutter.

Pflegen und »hätscheln« Sie im Kindergarten die Neugierde der Kinder. Lenken Sie sie auf die bedeutsamen Dinge im Leben!

Hingebungsvolles Interesse

Kleinkinder entwickeln Interessen, die lebenslang bedeutsam sein können. Einen kleinen Jungen beeindruckte der Sternenhimmel sehr. Von einem Erwachsenen erhielt er viele Anregungen. Als Jugendlicher war er Hobbyastronom, vertiefte sein Wissen und gab bei Führungen seine Kenntnisse weiter. Heute als Erwachsener arbeitet er mit astronomischen Geräten.

Ein Mädchen hörte im Kindergarten die musikalische Geschichte »Peter und der Wolf«. Sie hatte mit der Ente Mitleid. Der Klang der Oboe prägte sich bei ihr ein. Heute ist sie Oboistin.

Aus welchen Eindrücken entwickeln Kinder Interessen? Menschen werden nicht von allen Dingen gleich angezogen, wenden sich nicht allen Bereichen mit der gleichen Intensität zu. Ein gesundes Kleinkind zeigt vielseitiges Interesse an der Welt. Erzieherinnen eröffnen Kindern neue Welten und beobachten, wie sie darauf reagieren. Kindergartenbildung fördert eine breite Interessensgrundlage. Aber auch Spezialinteressen können hier ihren Platz finden.

Interesse bezieht sich auf Gegenstände, Tätigkeiten, Fähigkeiten, Erlebnisse:

- Kleinkinder interessieren sich für Gegenstände. Das können Werkzeuge, Geräte, Naturmaterialien, Kunstobjekte sein. Die Erzieherin erkennt das Interesse daran, dass Kinder den Umgang mit dem Werkzeug lernen wollen, dass sie Geräte bedienen möchten, Naturmaterialien und Kunstobjekte sammeln. Als Eva drei Jahre alt war entdeckte sie im Urlaub einen versteinerten Tintenfisch. Sie »nervte« die Eltern so lange, bis sie ihr die Versteinerung kauften. Mit vier Jahren hatte sie schon eine kleine Fossilien-Sammlung, die sie jedem Interessierten zeigte.

- Kleinkinder interessieren sich für Tätigkeiten. Die Erzieherin töpfert mit den Kindern. Einige Kinder formen mit großer Ausdauer und wollen am nächsten Tag sofort wieder töpfern. Gemeinsam etwas kochen interessiert viele Kinder. Kinder möchten handwerkliche Tätigkeiten ausüben und Fähigkeiten lernen: flechten, sticken, schneiden, hobeln, weben, nähen, stricken. Sich sportliche Geschicklichkeit aneignen interessiert Kinder: Radfahren, Schwimmen, Seilhüpfen, Purzelbaum schlagen, Ballprellen.
- Erlebnisse und gemeinsame Unternehmungen interessieren die Kinder: am Lagerfeuer Würstchen braten, eine Waldwanderung, ein Zoobesuch.

Die Kinder wollen die Aktionen wiederholen, freuen sich

Aus der Nähe betrachtet: Neugierig untersuchen die Kinder die Blätter. Wie fühlen sie sich an? Was versteckt sich darunter? Vielleicht ist dann der Grundstein gelegt für ein lebenslanges Interesse an Pflanzen, weit über die Kindergarten und Schulzeit hinaus.

darauf, schwärmen davon. Interesse bezieht sich nicht nur auf Gegenstände, Tätigkeiten und Erlebnisse. Auch die Art und Weise wie sich die Kinder einer Sache widmen, wird mit »... ist interessiert« oder »... ist weniger interessiert« bezeichnet, etwa: Mit großem Interesse spielen vier Kinder Memory.
Einzelne Kinder können sich eingehend und interessiert Schüttspielen widmen, ein Kind schminkt tief versunken ein anderes Kind, eine Kleingruppe hat Interesse daran, gemeinsam eine Stadt zu bauen, eine größere Gruppe von Kindern verfolgt mit Interesse das Ziel, das entlaufene Kindergarten-Kaninchen wieder zu finden: Sie malen Plakate, graben eine Kaninchenfalle, legen Karotten aus, bilden Suchmannschaften.
Kinder finden ihre Interessen oft über Personen. Ein fünfjähriges Mädchen interessiert sich für Fußball, weil ihr älterer Bruder sie immer zum Fußballplatz mitnehmen musste. Sie kennt alle Namen der Spieler und Ersatzspieler der Nationalmannschaft.
Ein fünfjähriges Mädchen ist begeisterte Schachspielerin. Der Onkel ist im Schachklub und hat seiner Nichte ein Schachspiel mitgebracht und ihr das Spiel erklärt.
Die Erzieherin erzählt von ihrer russischen Heimat. Immer wieder wollen die Kinder die russischen Lieder hören und die Geschichten über das Land.
Maries ältere Schwester Anna geht jetzt zur Schule. Maries Interesse an Buchstaben und Zahlen bekommt durch Annas Erzählungen zusätzlich Nahrung. Sie intensiviert ihre Schreibversuche, schreibt Briefe und erobert sich eigenständig die Buchstabenwelt.

Für viele Erzieherinnen ist Kindergartenbildung nur dann realisierbar, wenn sie mit den bereits bestehenden Interessen der Kinder eng verknüpft wird. Kleinkindern Bildungsinhalte anzubieten, die sie nicht auf den ersten Blick interessieren, wird als »ihnen etwas überstülpen« empfunden. Aber Kinder brauchen auch Anregungen von außen,

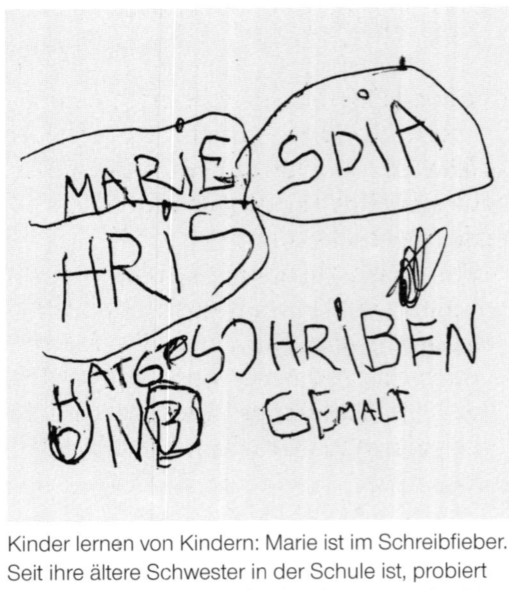

Kinder lernen von Kindern: Marie ist im Schreibfieber. Seit ihre ältere Schwester in der Schule ist, probiert Marie unermüdlich neue Buchstaben aus, schreibt Briefe und entdeckt das Wesentliche der Schriftsprache – die Kommunikation.

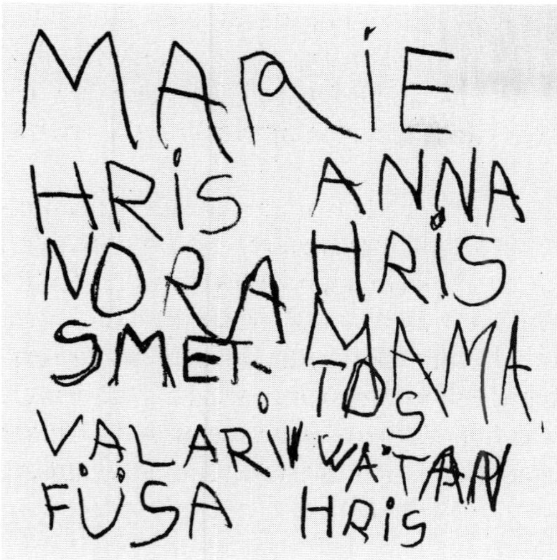

Konfrontation mit neuen Bereichen, um Interesse an etwas überhaupt erst empfinden zu können. Sie müssen die Chance haben, neuen Inhalten zu begegnen, bevor sie Interesse entwickeln können.

- Die Erzieherin kann die Interessen der Kinder erweitern und intensivieren: Einige Kinder üben Seilhüpfen. Die Erzieherin beobachtet das Interesse und die Ausdauer der Kinder und dass sie das einfache Hüpfen schon gut beherrschen. »Seilhüpfen kann man auch rückwärts, zu einem Spruch dazu, ganz schnell und mit überkreuzten Armen«, regt sie an.
- Sie kann die Interessen in andere Bahnen lenken, beispielsweise weg von gewaltverherrlichenden Medienhelden zu nachahmenswerten Vorbildern.
- Sie kann neue Interessen wecken, indem sie die Kinder ihr eigenes Interesse an einer Sache spüren lässt. Eine Erzieherin, die gerne reist, erzählt z.B. von fernen Ländern. Das Interesse an anderen Kulturen kann entstehen.

Neugierde wecken, Offensein für das Unbekannte, Wissensdurst stillen, Interessen entwickeln und verfolgen sind nur einige Lernhaltungen, die die Erzieherin in ihrem Bestreben, das frühkindliche Lernverhalten zu fördern, pflegen kann. Gesunde Kleinkinder sind »von Natur aus« mit Lernhaltungen ausgestattet, die sie dazu befähigen, die Welt zu erkunden.
Dieser frühkindliche Lerncharakter muss in seiner »Rohform« gepflegt werden, dient er doch als Grundlage für die lebenslange Bildung!

3. Kapitel
Die frühkindliche Wahrnehmungs- und Fantasiewelt

Vielfältige Sinneseindrücke

Wir Erwachsenen haben gelernt, das was wir sehen, hören, schmecken, riechen und fühlen zu erkennen, zu deuten und einzuordnen. Selten verwirren uns Wahrnehmungen, weil wir sie uns nicht erklären können.

Anders ist das bei kleinen Kindern. Sie entwickeln erst ein System, um Wahrnehmungen für sich erklärbar zu machen. Beispiel: Ein kleines Kind kommt zum ersten Mal in einen Zoo. Eine Vielfalt an Sinneseindrücken strömt auf das Kind ein: Gerüche, Geräusche, Sichtobjekte. Oder: Als ein dreijähriges Mädchen erstmals an einem Meeresstrand stand, war es von dem Rauschen und Tosen der Wellen so überwältigt, dass es nur eines kannte – die Flucht ergreifen. Ein Kind, das neu in den Kindergarten kommt, wird mit vielen unbekannten Sinneseindrücken konfrontiert.

Wie geht es Ihnen, wenn Sie sich in einer fremden Umgebung orientieren sollen? Eine Vielfalt von neuen Sinneseindrücken kann zunächst auch Erwachsene verwirren.

Bedeutungsvolle Sinneseindrücke

Wir interessieren uns für Briefmarken, Autos, Fußballstars, klassische Musik. Sieht ein Pferdenarr ein Pferd auf der Wiese, weiß er sofort, welcher Rasse es zuzuordnen, wie alt es in etwa ist und ob das Tier gut gepflegt wird. Manche Dinge, die wir wahrnehmen, haben mehr Bedeutung für uns, – wir horchen auf – manche bedeuten uns weniger oder gar nichts.

Kleine Kinder entwickeln nach und nach eine Wertung von Wahrnehmungen. Die Wertung kann auch negativ sein: Beim Aufblasen eines Luftballons im Kindergarten läuft ein fünfjähriger Junge schreiend davon. Erst später stellt sich heraus, dass ihn einmal ein Luftballon, der beim Aufblasen zerplatzte, sehr erschreckt hat. Kinder entwickeln Bedeutung aus ihrem eigenen Erlebniskontext. Die Bedeutung, die die Kinder Aktionen und Dingen beimessen, sind für Erzieherinnen oft schwer einsehbar. Sie selbst erfahren, dass Kinder ihrer Bildungsabsicht eine andere Bedeutung geben. Die Erzieherin meint zu beobachten, dass Johanna intensiv mit Farben experimentiert.

Hingabe und Sorgfalt: Echtes Interesse zeigt sich bei Kindern oft an ihrer Ausdauer oder dem Wunsch, sich einem Spiel oder einem Gegenstand wieder und wieder zu widmen.

Sie hatte kleine Gefäße, Pipetten, Wasser und Lebensmittelfarben zur Verfügung gestellt. »Welche Ausdauer Johanna beim Farbenmischen doch hat!«, denkt sie und nähert sich dem Tisch. Johanna springt auf. »Endlich habe ich es geschafft, die Pipette ganz mit Wasser aufzuziehen.« Die Saugwirkung zu erkunden war für Johanna im Moment spannender als Farben zu mischen.

Manche Bedeutung, die wir Erwachsenen Wahrnehmungen beimessen, beispielsweise Angst vor (harmlosen) Spinnen, sollten wir Kindern nicht »überstülpen«. Andererseits sollte Kindern die Bedeutung von realen Gefahren, etwa von Autos im Straßenverkehr, schon »übergestülpt« werden.
Für die Bildung im Kindergarten gilt, Sinneseindrücke aus der Bedeutungslosigkeit herausholen, über Erlebnisse und Erfahrungen unterschiedlichste Dinge, Bereiche, Menschen mit Bedeutung zu versehen. Für Kinder, die sich intensiv mit Kaulquappen

beschäftigt haben, werden Frösche immer bedeutungsvoll sein. Eine Beziehung herstellen und Bedeutung beimessen ist die Grundlage jedes Bildungsvorgangs. Wer einmal einem Tischler über die Schulter geschaut hat und selber Holz bearbeitet hat wird zu Möbelstücken eine andere Beziehung bekommen.

Fantasievolle Wahrnehmung

Wir Erwachsenen haben gelernt, die Dinge zu sehen wie sie sind, in ihrer nüchternen Art. Eine Wolke ist eine Wolke, ein Holzmuster ist ein Holzmuster. Selten kippen wir solche Bilder, sehen in der Wolke einen Teddybären und im Holzmuster ein Gesicht. Kleine Kinder erinnern Wahrnehmungen an das was sie schon kennen, sie verbinden die reale Sache mit einem inneren Bild. Sie sehen eine Wurzel und erkennen darin zuerst einen Drachen, der dem in ihrem Bilderbuch ähnlich sieht. Viele Lieder, Gedichte und Geschichten für Kleinkinder gehen auf diese besondere Wahrnehmungs- und Fantasiewelt ein.
Kleinkinder wandeln die Bedeutung eines Gegenstandes für ihr Spiel um. Das Kleinkind sagt, mit einem Ast in der Hand: »Das soll eine Rakete sein« und spielt damit. Dieses Einüben in den Wechsel von der realen Welt in die Fantasiewelt und wieder zurück, gehört zu den Bildungsaufgaben im Kindergarten. Im Rollenspiel, in der Erzählung oder im künstlerischen Bereich in dieser Fantasiewelt aufzugehen ist eine fundamentale Einübung in flexible Denkprozesse und damit eine gute Vorbereitung nicht nur auf die Schule.

Wertende Wahrnehmung

Wir hören Töne, angenehme und unangenehme, vielleicht harmonische und disharmonische. Wir können uns in etwa musiktheoretisch erklären, wie so eine Musik zustande kommt. Kleine Kinder sagen spontan, gute und böse Musik (wenn sie diese Worte von Erwachsenen gehört haben) oder die Musik ist lustig oder traurig. Ein spitzer Stein ist ein schlimmer Stein, weil das Kind über ihn gestolpert ist. Der Tisch ist blöd, weil sich das Kind den Kopf daran angestoßen hat. Die Dinge werden personalisiert, sind lebendig und gut oder böse.
Gut und böse sind einfache Kategorien, in die Kleinkinder die Dinge, die sie wahrnehmen, einteilen. Im Märchen gewinnt das Gute. Das ist wohltuend. Mit der Zeit müssen Kinder aus dem einfachen Gut-Böse-Schema herauswachsen. Sie erkennen, es gibt Zwischenstufen. Andere Kinder und die Erzieherin bewerten anders. Jeder hat seine Sicht der Dinge. Sich in andere hineinver-

setzten lernen, eine andere als die eigene Perspektive einnehmen, das wird jeden Tag im Kindergarten eingeübt.

Auf sich bezogene Welt-Wahrnehmung

Wir Erwachsenen wissen, dass Ereignisse, die uns betreffen, zufällig zusammentreffen können. Das Kleinkind meint, alles was es empfindet, was ihm begegnet, ist eigens für es bestimmt. Eine Biene »wartet« auf der Wiese bis das Kind barfuß auf sie tritt. Bienen bekommen durch dieses Ereignis für das Kind eine besondere Bedeutung.
Eine Erzählung kann aus dem Denkkreis »Warum muss mir das immer passieren?« herausführen, auch ein Gespräch, das klärt, wie die anderen Kinder empfinden.

Ausschließlich auf Kleinkinder bezogen sind diese eben beschriebenen »Eigenheiten« gar nicht. Sicher haben Sie schon an Erwachsenen oder an sich selbst ähnliche Regungen und Gefühle wahrgenommen. Der Unterschied zu den Kindern besteht vielleicht darin, dass uns diese Zweideutigkeit der Wahrnehmungen bewusst ist, Kleinkinder aber diesen zwiespältigen oder mehrdeutigen Wahrnehmungen ungeschützt gegenüber stehen. Sie brauchen Erwachsenenhilfe um ihre Wahrnehmungen zu verstehen, einzuordnen und sich ihrer Mehrdeutigkeit bewusst zu werden.

Übung

Sammeln Sie im Kindergartenalltag Beobachtungen, die diese spezielle Wahrnehmungs- und Fantasiewelt von Kindern anhand von Äußerungen oder Handlungen aufzeigen. Schreiben Sie sie auf.
Diese Liste kann ein Einstieg in einen Elternabend oder ein Elterngespräch sein.

Können Sie sich an Episoden aus Ihrer frühen Kindheit erinnen? An Ihre Fantasiewelt und wie Sie die Dinge wahrgenommen haben?

4. Kapitel
Meine Bildungsgeschichte

Zurück in die Zukunft

Versetzen Sie sich in die Zeit zurück, als Sie selbst im Kleinkindalter waren. Niemand sprach wahrscheinlich davon Sie zu bilden. Kleinkinder musste man nach herkömmlicher Meinung auch nicht bilden. Sie liefen nebenbei im Geschehen mit. Sie mussten beaufsichtigt und irgendwie beschäftigt werden, wenn ihnen einmal langweilig war.
Vielleicht waren Sie als Kleinkind fasziniert von Ihrem Schatten und experimentierten mit ihm. Machte jemand Schattenspiele mit Ihnen? Wurden Sie gefragt, ob Sie wissen, wie Schatten entsteht? Hatten Sie Interesse an Steinen? Sammelten Sie welche? Schenkte Ihnen jemand ein Steine-Nachschlagebuch? Züchtete Ihr Vater mit Ihnen Kristalle? Besuchte die Großmutter mit Ihnen eine Mineralienausstellung?

Kleinkinder werden vom Umfeld, in das sie hineingeboren wurden, und den Personen, die sich darin bewegen, geprägt. Frühe Sozialisation bedeutet, hineinwachsen in die jeweilige Gesellschaft, unbewusstes Aufnehmen von Eindrücken und Prägungen. Ist das alles? Die Ansprüche und Erwartungen an die Bildung des Kleinkindes als ein bewusstes »in die Welt einführen« sind heute gestiegen.
Kleinkinder haben ein Recht auf eine einfühlsame und rücksichtsvolle Begleitung beim Erkunden dieser Welt.

Wenn Sie sich nun Ihre frühe Bildungsgeschichte vergegenwärtigen, wird es hauptsächlich Ihre Sozialisationsgeschichte in den ersten Jahren sein.
Erinnern Sie sich: In welchem Umfeld sind Sie aufgewachsen, welche Dinge haben Sie gesammelt und gehortet, welche Menschen fanden Sie beeindruckend und warum?
Nehmen Sie sich für die folgenden Fragen etwas Zeit und beantworten Sie sie zunächst allein. Später können Sie sich mit Kolleginnen oder auch Eltern austauschen. Wenn Sie Ihre Zeitreise verschriftlichen, gewinnt die Rückschau an Intensität. Sie können Ihre Bildungsgeschichte auch malen oder zeichnen.

Folgende Fragen sollen Ihnen helfen, in Ihre frühe Kindheit einzutauchen und sich bewusst zu werden, wer und was Ihre frühe Bildungsgeschichte beeinflusst hat. Die Fragen müssen nicht im Einzelnen beantwortet werden, sondern sollen eine breite Erinnerungshilfe sein.

Übung: Meine Bildungsgeschichte

Erster Schritt: Atmosphäre und Umfeld

Welches Bild kommt Ihnen spontan in den Sinn, wenn Sie an Ihre Kleinkindzeit (bis zum Schuleintritt) denken? Wo sehen Sie sich, wer ist bei Ihnen, womit beschäftigen Sie sich gerade?
Stellen Sie sich das Umfeld, in dem Sie aufgewachsen sind, vor – den Garten, die Straße, die Wiesen, Felder, Wälder, Parks, Innenhöfe ...
Was haben Sie an diesen Orten gemacht (Spiele, Beschäftigungen, sportliche Betätigungen, ...)? Welche Erlebnisse verbinden Sie mit diesen Räumen? Was glauben Sie heute, was Sie draußen gelernt haben? Welches Wissen haben Sie in freier Natur oder in den Straßen einer Großstadt erworben?
Erinnern Sie sich weiter, Sie werden ins Haus gerufen. Wie sah die Wohnung aus? Welche Lieblingsplätze suchten Sie auf, wo war es Ihnen unheimlich? Welche Ereignisse und Prägungen verbinden Sie mit der Innenwelt?

Zweiter Schritt: Personen

Was hat Ihnen Ihre Mutter vermittelt, was Ihr Vater?
Was lernten Sie von den Geschwistern, den Großeltern?
Welche Funktion hatten Verwandte, Nachbarn, Bekannte, ..?
Wie erlebten Sie die Erzieherin?
Wie lernten Sie von Personen: zuschauen, einbezogen werden, etwas gezeigt bekommen, etwas ausprobieren dürfen ...?
Spielten Sie im Arbeitsprozess der Erwachsenen eine Rolle?
Wem eiferten Sie nach, welches Können haben Sie bewundert?

Dritter Schritt: Besonderheiten, Höhepunkte, Tiefpunkte

Welchen Eindruck hinterließen ein Urlaub, eine Reise, ein Ausflug, Feiertage, ein besonderer Besuch, ein besonderes Geschenk?
Was waren für Sie Höhepunkte in Ihrer

frühen Kindheit: Geburtstag, Weihnachten ...?
Wie erlebten Sie Krankheiten, Tod ...?

Vierter Schritt: Neugier, Interessen, Informationen, Wissen und Bildung

Was erregte Ihre Neugier?
Welche Interessen hatten Sie und wie verfolgten Sie sie?
Wer ging auf Ihre Interessen ein und wie?
Von welchen Sachgebieten, Themen waren Sie als Kind fasziniert?
Wer/was eröffnete Ihnen eine neue Welt?
Welche Lieblingsbeschäftigungen hatten Sie, was sammelten und horteten Sie?
Wie sind Sie auf etwas aufmerksam geworden, was haben Sie erfahren, entdeckt, beobachtet?
Wie sind Sie an Informationen herangekommen?
Was wollten Sie wissen, aber niemand sagte es Ihnen?
Was wollten Sie nicht wissen, aber man sagte es Ihnen?
Waren Sie schockiert über Wissen?
Welches Wissen hatten Sie, als Sie in die Schule kamen?
Was waren Ihre ersten Bildungserlebnisse, Bildungsinhalte?
Welche Bildungsträger waren Ihnen schon als Kleinkind vertraut: Bilderbuch, Buch, Lexikon, Bibliothek, Museum, Werkzeuge, Messgeräte, Musikinstrumente?
Welche Bildungsmöglichkeiten haben Ihnen als Kleinkind aus heutiger Sicht gefehlt?
Welche Bildungserlebnisse waren prägend für Ihr späteres Leben?

Am Ende dieser Zeitreise in die Kindheit haben Sie wahrscheinlich eine Fülle an Erinnerungen hervorgeholt. Das ist nur ein Aspekt dieser Reflexion. Denn das Bewusstmachen der Bedeutung von Personen und Umfeld in Ihrem frühen Aufwachsen soll vor allem Ihren Blick für die Aufgabe als Erzieherin der heranwachsenden Generation schärfen.

Stellen Sie sich vor, Ihre Kindergartenkinder werden in 30 oder 40 Jahren gefragt, welchen bleibenden Eindruck ihnen der Kindergartenbesuch hinterließ, wie sie die Erzieherin in Erinnerung haben, welche Welten ihnen im Kindergarten geöffnet wurden.
Welche Rolle möchten Sie im Leben der Ihnen anvertrauten Kinder spielen?

Gibt es eine Person in Ihrer Kindheit, die Sie positiv geprägt hat und Sie wünschen sich, im Leben Ihrer Kindergartenkinder eine ähnliche Rolle zu spielen? Hat diese Person etwas mit Ihrer Bildungsgeschichte zu tun? Haben Sie sich in der Rückschau auf Ihr Kindsein als weltoffenes und neugieriges Kind gesehen? Konnten Sie sich Ihren frühkindlichen Lerncharakter bewahren? Wie gehen Sie heute mit Wissensaneignung und Bildung um?

Gute Aussichten

Stellen Sie sich vor, ihre Berufsbezeichnung ist nicht mehr »Erzieherin« oder »Kindergärtnerin« sondern »Bildnerin«. Sie sind Bildungsexpertin für die frühen Jahre. Sie sind selber sehr engagiert, wenn es darum geht immer neue Wissens-Bereiche für sich zu erschließen. Sie sind (immer noch) sehr neugierig und interessiert an Ihrer Umwelt, den Dingen und Menschen. Sie strahlen Wissbegierde aus, Ihr Wissensdrang ist kaum zu bändigen. Sie lassen sich mit Ihren Kindern auf Entdeckungsreisen ein. Sie wollen den Sachen auf den Grund gehen. Sie haben das Weiterbilden als etwas Befriedigendes für sich selbst erlebt. Bildung spielte und spielt eine große Rolle in Ihrer Persönlichkeitsentwicklung und für Ihr Selbstbewusstsein. Lebenslanges Lernen ist Ihr Leitmotiv. Sie haben sich die Fähigkeit bewahrt, über Alltägliches zu staunen und sich zu wundern. Bildung ist Ihr Lebensprinzip. Aus dieser Haltung heraus sehen Sie Bildung als höchstes Gut, das Sie Ihren Kindern mitgeben können.

Sie sind für Ihre Kindergartenkinder eine »greifbare« Bildungsperson mit eigenen Interessen und einer offenen Haltung allem Neuen gegenüber. Ihre Kindergartenkinder wissen, wenn sie mit einem gemusterten Stein, einer Feder, einem Erlebnis oder einem neuen Bilderbuch in den Kindergarten kommen, werden sie bei Ihnen auf offene Ohren stoßen. Sie verstärken die Begeisterung der Kinder durch Ihre eigene Begeisterungsfähigkeit.

5. Kapitel
Die ganze Welt im Kindergarten

Kindgemäße Bildungsinhalte

Haben Sie schon einmal überlegt, mit Ihren Kindergartenkindern den Mond über einen längeren Zeitraum hinweg zu beobachten? Wie oft kommen naturwissenschaftliche Themen in Ihrem Tagesablauf vor? Wie reagieren Sie, wenn ein Kind Ihnen erzählt, dass seine Oma gestorben ist? Wussten Sie, dass Sie Mathematik und Chemie in der Küche beginnen lassen können? Nehmen Sie die Kindergruppe mit auf eine Entdeckungsreise: „Wo entspringt der kleine Bach, der am Kindergarten vorbeifließt?" Wissen Sie, dass Sie durch Ihre höfliche und freundliche Art mit Menschen umzugehen, großen Eindruck bei den Kindern hinterlassen? Lassen Sie jedes Kind aus den Ferien ein Souvenir mitbringen und nutzen Sie die Gelegenheit für eine Einführung in Erdkunde (mit Atlas und Globus)? Welchen Stellenwert hat das Singen in Ihren Bildungsüberlegungen?

Bildungsinhalte gibt es täglich unzählige aufzugreifen, sei es dass Kinder miteinander streiten, einander trösten, eine Ameisenstraße beobachten, sich wundern, warum der Bioabfall stinkt, Angst vor einem aufziehenden Gewitter haben oder wissen wollen, warum der Wasserhahn tropft.
Die Frage ist, welche Kultur des Miteinander-Umgehens haben wir entwickelt (Demokratie, Gefühle, Interessensüberschneidungen, Umgangsformen, Integration), leiten wir die Kinder zu einer gesunden Lebensführung an (Prävention), auf welchem Niveau beantworten wir die Fragen der Kinder (Technik, Naturwissenschaft), verstehen wir den Blick der Kinder und ihre Art, Eindrücke zu verarbeiten (Kunst), respektieren wir ihr Bedürfnis nach Selbstständigkeit (Alltagsroutine, Einüben von situationsangepassten Verhaltensweisen), geben wir ihnen die Möglichkeit, sich auf vielerlei Art und Weise auszudrücken und kennen zu lernen (Rollenspiel, Werken, Musik)?

Bildungsinhalte, in einem sehr weiten Sinn verstanden, sind alle Fragen, die wir Kindern beantworten, alle Gespräche, die wir mit ihnen führen, alle Überlegungen, die wir anstellen, wie sie ihre Alltagsverrichtungen (z.B. Schleifenbinden) alleine ausführen können. Bildungsinhalte sind alle Gelegenheiten, ob bewusst geplant oder zufällig entstanden, die genutzt werden, um Kindern die Welt zu erklären, die es ihnen ermöglichen, in Wissensgebiete einzutauchen, die dazu beitragen, sich selbst und die anderen verstehen zu lernen.

Bildungsinhalte sind z.B.: (endlich) alleine schaukeln können, ein tiefes Loch im Sand schaufeln, einer Wolke am Himmel einen Namen geben und eine Geschichte dazu erfinden, einem anderen Kind den Reißverschluss zumachen, eine erste Ahnung davon haben, was ein Herzschrittmacher ist, sich um eine Pflanze kümmern, verstehen, warum ein Kind traurig ist, fasziniert sein über ein mit Tau überzogenes Spinnennetz, schnäuzen lernen, spüren, wie Musik in die Beine geht, sich wundern, warum Schnee schmilzt, selbst einen Nonsensvers dichten und sich vor Lachen krumm biegen.
Bildung erstreckt sich für den Bereich Kindertagesstätten auf alle Gegebenheiten, die die Erzieherin bewusst wahrnimmt, um den Kindern die Welt näher zu bringen.
Es ist der Blick, den wir entwickeln, mit dem wir Kleinkinder und ihr Tun sehen. Es kommt darauf an, wie wir uns in das Tempo der Kinder einfühlen können, in die Welt, wie Kinder sie sehen, uns von den Wundern, die sie für die Kinder (und uns) bereithält, begeistern lassen.

Nicht alle Kinder werden für die vielen verschiedenen Bildungsinhalte, mit denen sie im Laufe ihrer Kindergartenzeit in Kontakt kommen, gleiches Interesse zeigen. Auch wenn einzelne Kinder manche Inhalte nur nebenbei mitbekommen (nur eine kleine Gruppe beschäftigt sich beispielsweise mit Kunst, die anderen Kinder hören aber die Gespräche darüber und sehen die Dokumentation, die die Gruppe präsentiert), so bleibt doch auch bei den nicht direkt beteiligten Kindern ein Eindruck zurück. Eine Erzieherin erzählt, dass immer die selben Kinder sich um die Dinge scharen, die sie bereit stellt: Wenn sie etwa Material für naturwissenschaftliche oder mathematische Experimente mitbringt. Doch auch die scheinbar uninteressierten Kinder oder diejenigen, für die andere Dinge zu dem Zeitpunkt wichtiger sind, sehen das Material und beobachten, wie andere damit hantieren und bekommen einen Eindruck davon, auf den sie später zurückgreifen können. Trotzdem gilt für die Kindergartenbildung: Allen Kindern soll ein breiter Zugang zu verschiedensten Bildungsinhalten ermöglicht werden. Das heißt beispielsweise im Bereich der technischen Bildung: Alle Kinder, nicht nur die »Computerfreaks«, sollen die Gelegenheit bekommen, am Arbeitsgerät Computer spielerisch und sinnvoll erste Erfahrungen zu machen. Dazu gehört: den Computer einschalten, das Programm starten und been-

Computern im Kindergarten: Wer nicht mit dem Computer umgehen kann, wird zukünftig als echter Bildungsmuffel gelten. Im Kindergarten haben schon die Kleinsten die Chance, einen vernünftigen Umgang mit diesem Medium zu erlernen.

den können, mit der Maus umgehen lernen, sich für ein Computerspiel zu entscheiden … Bildung im Kindergarten geschieht oft in Kleingruppen. Das erfordert einen individuellen Bildungsbeobachtungsplan für jedes einzelne Kind. Die Erzieherin muss einen ungefähren Überblick über die Lernerfahrungen ihrer Kindergartenkinder behalten.

Die Bildungsinhalte, die im Folgenden dargestellt werden, sind eine Sammlung von Ideen. Sie zeigen, wie die theoretischen Überlegungen für eine zeitgemäße Bildung im Kindergarten in die Praxis übertragen werden können. Sie erlauben Vergleiche dazu, was in Kindergärten in dieser Richtung schon praktiziert wird, und welche Maßstäbe für Kindergartenbildung angelegt wird. Sie werden sich sicherlich an manchen Stellen in Ihren Überlegungen bestätigt finden, aber auch neue Impulse für die Weiterentwicklung Ihrer Bildungsarbeit bekommen.

Miteinander umgehen lernen

Miteinander umgehen lernen teilt sich in viele Aspekte auf:
Sorge tragen, teilen und warten können, Fürsorge entwickeln, ein Geheimnis von der Freundin für sich behalten, Verantwortung übernehmen und dabei jemand anderen entlasten, Intimitätsgrenzen einhalten, sich in jemanden hineinversetzen können, Höflichkeitsformen wie Grüßen und Bedanken zur Selbstverständlichkeit werden lassen, eine Aufgabe für jemand anders übernehmen, wissen, was Gefühlsschwankungen sind, erkennen, wenn ein anderer sich nicht wohl fühlt, Rücksicht nehmen.

Gruppen-Regeln aufstellen

Regeln aufstellen, an die sich alle halten sollen – das wird heute im Kindergarten nicht mehr von oben nach unten verordnet. Sie als Erzieherin sind bestrebt, dass die Kinder verstehen, warum es Verhaltensvorschriften geben muss. Sie besprechen mit den Kindern gemeinsam, was geregelt werden soll. Die Kinder sind mitverantwortlich für das Aufstellen und Einhalten von Regeln. Regeln entspringen aus der Notwendigkeit, eine Situation zu klären. Der Waschraum ist immer wieder verschmutzt. Alle Kinder denken mit. Niemand will in einem verschmutzten Waschraum seine Hände waschen und Zähne putzen. Die Kinder machen Vorschläge wie man die Sache angehen kann. Da kommen vielleicht Ideen wie »Kinder müssen Wache stehen« oder »Kinder müssen bestraft werden«. Sie fragen nach: »Wer soll Wache stehen? Was für Strafen? Was sind Strafen?« Dann fällt einem Kind ein: »Wir können Schilder malen.« Sie gehen darauf ein: »Warum stellt man Schilder auf? Wo gibt es überall Schilder? Wie soll das Schild aussehen?« Die Kinder üben sich im Erklären, Nachfragen, Begründen. Sie sprechen vor einer Gruppe von Kindern. Das fällt nicht jedem leicht. Sie hören einander zu, lassen sich ausreden, Respekt vor der anderen Meinung ist im Spiel. Das muss eingeübt werden. Kinder üben an Kindern konstruktive Kritik, aber auch Erzieherinnen an Kindern und Kinder an Erzieherinnen. Jeder kann äußern, was ihn stört, was ihm nicht gefällt und wie er sich's anders wünscht und kann überlegen, wie alle mithelfen können, dass es besser wird. In der nächsten Versammlung wird der Sache nochmals nachgegangen. Wie ist die neue Vereinbarung eingehalten worden? Hat sich die Situation geändert? Was könnte noch verbessert werden? Alle Mitglieder der Gruppe sind dafür verantwortlich, dass die Regeln eingehalten werden.

Regeln werden heute im Kindergarten mit demokratischen Maßstäben aufgestellt: Alle sind gleichberechtigt, alle können ihre Meinung abgeben, alle suchen nach gemeinsam akzeptierten Regeln. Das ist nicht immer einfach, oft bedeutet das für Sie als Erzieherin Schwerstarbeit. Und Einfallsreichtum. Wie den Kindern beispielsweise helfen, dass immer nur eines spricht? Ein Stein, der herumgereicht wird, signalisiert: Wer den Stein in der Hand hält, spricht. Auch Einfühlungsvermögen ist nötig: Besprechungen sollten nur kurze Zeit dauern, und, bei aller Gleichberechtigung, Sie sind die Erwachsene und müssen die Situation im Griff haben. Kleinkinder brauchen Anleitung und Führung. Sie sind das Vorbild. Sie müssen sehen, welche Situation die Kinder überfordert.

Kompetenter Umgang mit Konflikten

Hier geht es um einzelne Kinder, die nicht miteinander zurecht kommen. Dafür wurden Kinder früher auch gezüchtigt, Gewalt wurde mit Gewalt unterdrückt. Heute zeigen Erzieherinnen den Kindern, wie sie Konflikte konstruktiv lösen können. Konflikte haben den negativen Beigeschmack verloren.

Interessensüberschneidungen im Kindergarten sind tägliches Einüben in:

- die Position des Konfliktpartners verstehen lernen (auch er glaubt, dass er »Recht« hat),
- sich in den anderen einfühlen und hineinversetzen können,
- sehen, dass es mehrere Sichtweisen gibt,
- erkennen, was ich mit meinem Verhalten bei dem anderen Kind auslöse.

Vier Kinder gehen mit der Erzieherin zum Bäcker. Jedes Kind bekommt eine Aufgabe: Korb hintragen, einkaufen, bezahlen, Korb zurücktragen. Das Kind, das den Korb hingetragen hat, möchte ihn auch wieder zurücktragen, auf jeden Fall, unerbittlich. Bildungsinhalte suchen sich nicht immer den günstigsten Ort und die passendste Zeit aus. Kleinkinder sind nicht immer für logische (Erwachsenen-)Argumente empfänglich. Vielleicht tritt das eine Kind sein Recht, den Korb zurückzutragen, ab, oder das Kind lässt sich überzeugen, dass es nicht an der Reihe ist. Manchmal ist es gut, der Sache in einem ruhigeren Moment nochmals nachzugehen, manchmal vergessen die Kinder den Vorfall so schnell wie er aufgetaucht ist wieder und dabei kann man es auch bewenden lassen.

Miteinander umgehen lernen: Sich um den anderen kümmern, sich sorgen und miteinander teilen, das können Kinder in der Gemeinschaft des Kindergartens am besten lernen.

Im Grundsatz werden bei Konfliktlösungen im Kindergarten heute einige allgemeingültige Regeln eingehalten:

- Konflikte werden auf der sprachlichen Ebene geregelt.
- Es gibt nicht Sieger und Besiegte.
- Gemeinsam wird ein Weg gesucht, der die Interessen der Beteiligten berücksichtigt.
- Erzieherinnen greifen erst ein, wenn es nötig ist (beispielsweise bei Gewaltanwendung).

Erzieherinnen zeigen den Kindern Wege auf, wie sie die Konflikte selbst lösen können. Sie versuchen soviel wie möglich über die Ursache des Konflikts herauszubekommen, ermitteln, wie jedes Kind zu der Sache steht. Jedes Kind kann seine Position vertreten. Die Erzieherin vermittelt, erklärt den Kindern wie sich das jeweils andere Kind fühlt. Ähnlich wie beim Aufstellen der Gruppenregeln, werden auch hier Ideen zur Lösung des Problems gesammelt. Eine Lösung wird ausgewählt, mit der beide Kinder zufrieden sind. Wird die Abmachung auch eingehalten? Dann ist der Konflikt gelöst.

Integration

Integration von ausländischen und behinderten Kindern gehört heute zum Selbstverständnis des Kindergartens. »Andersartigkeit« von Kindern wird als Chance und als Bereicherung für eine Gruppe gesehen. Begriffe wie »behindert« und »fremd« haben ihre ausgrenzende Bedeutung verloren. Auch »gesunde« und »normale« Kinder sind oft sehr bedürftig und brauchen manchmal besondere Zuwendung. Kinder aus einem anderen Kulturkreis haben viele Gemeinsamkeiten mit »unseren« Kindern. Der Austausch von Unterschieden ist eine spannende Sache und eine Fundgrube für Bildungsanlässe.

Arbeitswelt

Arbeit hat für Kinder einen großen Reiz: Dazu gehört die Ernsthaftigkeit, mit der Erwachsene ihre Arbeit verrichten, der Zusammenhang zwischen Arbeit und Geld, den Lebensunterhalt verdienen, Lebensinhalt, zur Arbeit gehen, die Arbeit verlieren.
Kinder spüren, wie wichtig Erwachsenen ihre Arbeit ist, obwohl sie oft nicht verstehen können, was diese Arbeit eigentlich ausmacht.
Viele Kinder haben keinen Bezug zur Arbeitswelt ihrer Eltern, dabei müsste die Besichtigung ihres Arbeitsplatzes eigentlich eine Selbstverständlichkeit sein. »Mein Vater arbeitet auf der Bank« – Was stellt sich ein Kind darunter wohl vor? Ein Kind fragt die Erzieherin: »Wann gehst du arbeiten?« Kann das Arbeit sein, mit Kindern zu spielen? Kommt ein Handwerker in den Kindergarten, um Reparaturen vorzunehmen, so wird er von den Kindern neugierig umringt. Was macht der Mann, warum, wie heißt das, welche Werkzeuge bringt er mit? An den Reaktionen der Kinder wird ersichtlich, welch große Wirkung arbeitende Erwachsene auf sie ausüben.

Die Arbeitswelt ist ein sehr ergiebiger Bildungsinhalt! Eine Mutter ist Tischlerin und fertigt im Kindergarten, vor den Augen der Kinder, Werkstücke an. Ein Vater arbeitet im Theater »hinter den Kulissen«. Die Kindergruppe besucht ihn, erfährt von den vielen Vorbereitungsarbeiten bis zur Aufführung. Danach bei der Theateraufführung sind die

Kinder als Handwerker: Die Arbeitswelt der Erwachsenen übt auf die Kinder großen Reiz aus. Sie erahnen die Bedeutung von Arbeit, wenn sie selbst an der echten Welt teilhaben dürfen. Richtiges Werkzeug verleiht dem Tun der Kinder entsprechende Ernsthaftigkeit.

Kinder Zuschauer mit Insider-Wissen. Eine Großmutter ist Tanzpädagogin. Sie ist regelmäßig Gast im Kindergarten und übt mit den Kindern ihren Beruf aus.

Ein Vater ist Arzt. »Ja, die Kinder sollen nur kommen«, meint er, »dann stecke ich sie gleich der Reihe nach in den Computertomographen.« Gut gemeint, aber nicht jeder Vater hat eine Ahnung, was man Kindern wie zeigen kann. »Die Rasselbande kommt nicht in mein Geschäft«, sagt eine Mutter. Nicht jede Mutter hat die Geduld und die Nerven, kleinen Kindern Einblick in die eigene Arbeit zu gewähren.

Andererseits müssen Kinder auf Exkursionen auch lernen, ihr Verhalten der Umgebung anzupassen. Man kann nicht überall alles anfassen und herumtoben.

Durch »Boten« aus der Arbeitswelt, die den Kindergarten besuchen und Beobachtungen vor Ort bekommen Kinder eine Ahnung, was arbeiten und das Ausüben eines Berufs bedeutet. Vertieft werden diese Bildungsinhalte, wenn Kinder sich in einem Handwerk üben können oder Pläne zeichnen wie die Architekten, ein Gericht herstellen wie die Köche, Pflanzen ziehen wie die Gärtner oder eine Maschine konstruieren wie die Ingenieure. Begriffe wie: Fachleute, Spezialisten, Meister und Experten bekommen eine Bedeutung. Die Kinder erleben, welche Produkte durch Arbeit entstehen können, dass Menschen gerne arbeiten, dass nicht jeder den gleichen Beruf ausüben kann und mag, sie lernen zu verstehen, dass Gegenstände oft Ergebnis eines langes Arbeitsprozesses sind und dass Gegenstände deshalb geachtet werden müssen.

Was bedeutet es Geld zu verdienen? Grußkarten werden hergestellt und auf dem Sommerfest verkauft. Was haben wir eingenommen? Was können wir dafür kaufen?
Traumberufe, Berufsfantasien werden gesammelt. Was möchte ich werden? Warum? Was könnte ich mir noch vorstellen?
Arbeiten die Eltern, wenn sie im Haushalt oder im Garten beschäftigt sind auch? Heißt arbeiten immer Geld verdienen? Wo kann ich arbeiten? Macht mir arbeiten Spaß? Ist Spiel das Gegenteil von Arbeit?

Weiterführende Fragen vertiefen den Bildungsinhalt Arbeit. Wie lange interessiert die Kinder dieses Thema? Das Interesse kann immer wieder neu aufflammen. Ein Thema kann auch längere Zeit mit immer neuen Aspekten verfolgt werden. Wie sah Arbeit früher aus? Ein Freilichtmuseum wird besucht. Wie sah die Arbeitswelt aus, als die Großeltern jung waren? Großeltern erzählen den Kindern von ihrem früheren Arbeitsleben.

Naturwissenschaften

Keine Scheu vor Physik, Chemie und Co.

Haben Sie sich schon lange vorgenommen, wieder einmal Experimente mit den Kindern zu machen? Sie haben auch Fachbücher zu dem Thema, die müssten sie nur wieder einmal durchschauen …
Naturwissenschaftliche Themen fristen eher ein stiefmütterliches Dasein in unseren Kindergärten. Das ist kein Wunder, können wir doch am besten Dinge vermitteln, mit denen wir uns selber vertraut fühlen und mit denen wir uns intensiv befasst haben. Wie

Kinder als Beobachter: Kinder sind aufmerksame Betrachter und stellen spannende Fragen: Warum heißt die Brennnessel Brennnessel? Brennt sie? Warum? Wo wächst sie? Kann man sie vielleicht sogar essen?

viel Chemie, Physik oder Astronomie haben Sie im Laufe Ihrer Schulbildung *genossen*? Es kostet manche Erzieherin Überwindung, sich diesen Inhalten zuzuwenden. Der Schulstoff und dessen Vermittlung ist oft nicht gerade dazu geeignet, nachhaltige Begeisterung dafür zu wecken.

Unsere Kinder haben diese Scheu nicht. Sie wollen zunächst alles wissen. Warum können manche Dinge brennen und andere nicht? Warum sinkt ein Stein im Wasser und ein Laubblatt schwimmt darauf? Warum gibt es diese Kreise, wenn ein Stein ins Wasser fällt? Warum bilden sich weiße Streifen, wenn Flugzeuge am Himmel fliegen? Warum sehe ich mich im Löffel verkehrt? Wie können diese Fragen beantwortet werden?

- Ideen und Erklärungen der Kinder sammeln
- Nachschlagwerke (z.B. CD-ROMs) mit den Kindern durchschauen
- Experten und Eltern fragen
- Museen aufsuchen
- eigene Experimente machen
- …

Machen Sie sich mit den Kindern gemeinsam auf den Weg, um Antworten auf naturwissenschaftliche Fragen zu finden. Vielleicht entdecken Sie ja auch für sich selbst, dass der ehemals so öde Schulstoff eigentlich viele spannende Seiten hat …

Kinder sind aufmerksame Beobachter

Wenn wir auf das Interesse der Kinder eingehen, werden sie zu noch aufmerksameren Beobachtern. Was heißt »darauf eingehen«?

- Zunächst einmal verstehen, warum Kinder diese Fragen stellen. Auch wenn wir uns schon lange damit abgefunden haben, dass ein Stein auf der Wasseroberfläche Kreise hinterlässt, für Kinder ist es neu und interessant.
- Sachlich richtig erklären, so dass Kinder auf diesem Fundament aufbauen können. Der weiße Streifen, den ein Flugzeug hinterlässt, heißt Kondensstreifen und besteht hauptsächlich aus Wasserdampf.
- In einer Sprache erklären, die Kinder verstehen. Viele Dinge können verbrennen, schmelzen, verdampfen, ihre Form verändern, sich in die Bestandteile zersetzen, manchmal muss es sehr, sehr heiß sein dafür.
- Ungefährliche Versuche und Experimente ermöglichen. Was schwimmt, was sinkt? Eine Wasserschüssel und viele Gegenstände bereitstellen.
- Beobachtungen und Erfahrungen der Kinder dokumentieren. Verschiedene Löffel, Schöpfkellen, stumpfe Messer … Wo sehen wir uns auf den Kopf gestellt, wo nicht? Was ist den Gegenständen gemeinsam, in denen wir uns verkehrt sehen? Die Erzieherin schreibt die Aussagen der Kinder auf und liest sie dann vor oder nimmt sie mit dem Rekorder auf.

Die Erzieherin macht Kinder auf Dinge und Vorgänge aufmerksam und stellt Fragen: Was glaubt ihr, warum die Flamme ausgeht, wenn ihr kräftig pustet? Warum schmilzt der Eiszapfen in eurer Hand?
Beispiel Magnet: Wer weiß, was das ist? Hier liegen verschiedene Dinge: Steine, Nägel, ein Hufeisen, Papier, Metallfolien, Büroklammern, Dosen. Was passiert mit dem Magnet und den Gegenständen, wenn sie zu-

Hinter die Dinge schauen: Kinder wollen verstehen, warum etwas auf bestimmte Weise funktioniert und welches Innenleben sich in manchen Dingen verbirgt. Der Kindergarten kann Material bereitstellen, das zum Zerlegen und Erforschen einlädt.

sammen kommen? Was wird von einem Magneten angezogen und was nicht? Was stößt sich gegenseitig ab? Wie wirken verschieden starke Magnete?

Beispiel Kohlendioxid: Was könnt ihr beobachten, wenn wir Essig und Backpulver mischen? Es beginnt zu sprudeln. Warum? Es entsteht etwas Neues. Ein Gas. Das nennt man »Kohlendioxid«. Wir sehen das Gas nicht. Können wir es riechen? Wie wissen wir, dass Gas entstanden ist? Wir erkennen es an der Wirkung. Kohlendioxid kann eine Kerzenflamme auslöschen. Feuerlöscher sind oft mit Kohlendioxid gefüllt.

Kinder interessiert die Dingwelt

Im Kindergarten wird die soziale und emotionale Bildung sehr ernst genommen: Einfühlungsvermögen soll weiterentwickelt, Teilen eingeübt und »für etwas zu sorgen« angebahnt werden. Das sind wichtige Bildungsinhalte. Kinder sollen einander verstehen und miteinander auskommen lernen und Fürsorge entwickeln.

Aber auch die Dingwelt möchten Kinder begreifen und verstehen lernen. Ihre Wissbegierde für diese Bereiche muss ständig genährt werden, sonst droht sie abzuflauen. Fantasievolle Erklärungen von Erwachsenen, wie früher oft üblich (»Es donnert, weil die Engel kegeln«), helfen Kindern nicht, die Welt zu verstehen. Kinder beobachten die Dingwelt, die Phänomene und machen sich ihre eigenen Vorstellungen (»Die Erde ist flach«, »Die Sonne wandert über den Himmel und geht am Abend schlafen«). Manch einer bleibt sein Leben lang an solchen märchenhaften Erklärungen haften, wenn es keine Gelegenheit gab, dieser Sache in ihrer Tiefe nachzugehen.

Naturwissenschaftliche Zusammenhänge zu verstehen ist für Kleinkinder (und oft auch für Erwachsene) nicht einfach. Es bei der Ansicht zu belassen, »Das verstehen Kinder sowieso nicht«, »Das ist viel zu abstrakt«, ist zu einfach. Es herrscht die gängige Meinung vor, Kleinkinder verstünden nur anschauliche Dinge, das was sie begreifen und anfassen können. Sollen wir deshalb auf die »abstrakten« Interessen der Kinder nicht eingehen? Doch, denn dabei erleben Kinder, dass sich Erwachsene bemühen, ihnen die Dinge sachgerecht zu vermitteln, sie verstehen Teile davon, sie ahnen die immense Wissenswelt hinter einer einfachen Frage, sie spüren, dass sie mit ihrer Frage ernst genommen werden. Es kommt auf die Art der Vermittlung und die Sprache an. Kleinkinder verstehen naturwissenschaftliche Zusammenhänge, angefangen von einfachen, nachvollziehbaren Experimenten, die sie selber ausführen können bis zu Erklärungen, Geschichten, ersten Begegnungen, Eindrücken von dem, was Wissenschaft ausmacht.

Einfache Experimente

Luft

Was ist Luft?

- Luft spüren (Wie können wir Luft spüren? Wind, Luftzug, blasen, fächern)
- Luft einfangen (Wie können wir Luft einfangen? Luftballon, Reifen aufpumpen, Schwimmflügel, Schwimmreifen, Ball aufblasen, Seifenblasen, Windrad)
- Spaß mit Luft (Luft anhalten, Luft in den Händen quetschen, Geräusche mit Luft: Luftballon auslassen, Backen aufblasen und Luft rauslassen)

- In der Luft schweben lassen (Papierflieger, Frisbee, Feder)

Wasser

- Wassereigenschaften erkunden (die Erzieherin dokumentiert das Gespräch): Welche Farbe hat Wasser? Kann man Wasser riechen? Kann man Regen riechen? Wasser rinnt, tropft, sprudelt, Wasser ist flüssig, Wasser ist gasförmig (Wasserdampf), Wasser ist fest (Eis).
- Was löst sich im Wasser auf (Sand, Zucker, Salz)? Wann löst sich etwas schneller auf, wenn das Wasser kalt oder warm ist (ausprobieren)?
- Wasser-Mischungen: Sirup, Essig, Seife, Wasserfarbe
- Gegenstände unter Wasser erscheinen größer, ausprobieren!
- Salzwasser oder Wasser: Worauf schwimmen verschiedene Gegenstände besser?

Eine Erzieherin ist Hobbytaucherin. Was kann sie den Kindern über Wasser und Luft erzählen! Wer von euch ist schon einmal im Wasser untergetaucht? Was ist euch dabei aufgefallen? Unter Wasser muss man Luft mitnehmen. Was meint ihr warum? Wie macht man das? Ein Teil der Luft heißt Sauerstoff. Den brauchen wir zum Atmen. Taucher nehmen oft eine Sauerstoffflasche mit, wenn sie längere Zeit unter Wasser sein wollen, andere haben einen Schnorchel. Was ist das?

Schwerkraft, Aufprall

- Alles fällt zum Boden, warum?
- Fällt alles gleich schnell zu Boden?
- Was fällt nicht zu Boden, warum?
- Was fällt zu Boden und geht kaputt, warum?
- Was bleibt unbeschädigt und warum?

Erste Begegnung mit Astronomie

Wissen muss jede Generation neu erwerben. Das ist mühsam für eine Gesellschaft und bedeutet großen Aufwand. Bildungsstätten wie Familien, Kindergärten, Schulen und Universitäten vermitteln Wissensbestände. Auch Kindergartenkinder können an Wissensgebiete herangeführt werden, damit ihr Grundinteresse früh geweckt bzw. genährt wird. Die Begegnung mit Wissensinhalten sollte so gestaltet sein, dass sie einen langanhaltenden Eindruck hinterlassen kann. Ein bestimmter Eindruck in frühen Jahren kann lebensweisend sein, wie wir an dem Beispiel des kleinen Jungen gesehen haben, der von klein auf vom Sternenhimmel fasziniert war und sich heute berufsmäßig mit Astronomie befasst (siehe Kapitel 2, S. 32f.).

Wollen Sie sich gemeinsam mit Ihren Kindern mit Astronomie befassen, müssen Sie zunächst selbst »Feuer fangen«. Gehen Sie zu Planetarien, zu Volkssternwarten, zu

In die Ferne schweifen: Immer mehr öffentliche Bildungsstätten haben spezielle Angebote für Kinder entwickelt. In der Volkssternwarte können Kinder den Weltraum erobern und neue himmlische Einblicke bekommen. Vorausgesetzt, Erzieherinnen machen sich gemeinsam mit den Kindern auf den Weg dorthin!

Hobbyastronomen. Lesen Sie Bücher, lassen Sie eine Sternennacht auf sich wirken. Orientieren Sie sich am Sternenhimmel. Lernen Sie die Sternbilder kennen. Dann erzählen Sie Ihren Gruppenkindern von Ihrem neuen Hobby. Was wissen die Kinder über den Sternenhimmel? Kennen sie die Milchstraße? Hat ein Kind schon eine Sternschnuppe gesehen?

Oder haben sie nur diffuse Vorstellungen von Aliens aus dem Weltall aus drittklassigen Trickfilmen? Dabei sollte es nicht bleiben. Stecken Sie die Kinder mit Ihrer Begeisterung an. Erklären Sie den Kindern, welch große Bedeutung der Sternenhimmel für die Menschen früher hatte: Seefahrer orientierten sich an den Sternen, bestimmte Ereignisse wurden mit dem Auftauchen von Sternen in Verbindung gebracht, z.B. das Auftauchen von Sirius und die Überschwemmung des Nils. Am Sonnenstand wurde die Ta-

Nicht von dieser Welt: Einen echten Meteoriten anfassen zu dürfen, einen Stein, der vom Himmel gefallen ist – welch ein Glück für Kinder. Sie erahnen auf diese Weise etwas von der Größe und Bedeutsamkeit des Alls und des irdischen Lebens.

geszeit gemessen: Die Sonnenuhr rückt in den Mittelpunkt des Interesses. Eine Sonnenuhr wird gebastelt, die Länge des Schattens, den die Kinder werfen, einen Tag lang registriert. Wie hängt die Länge des Schattens mit dem Sonnenstand zusammen? Machen Sie mit den Kindern eine Nachtwanderung. Das ist gerade für Stadtkinder ein Erlebnis. Selten können sie die Sterne sehen. Laden Sie die Eltern dazu ein. Nicht jedes Kind will im Dunkeln von zu Hause weg sein. Erklären Sie die Sternbilder. Erzählen Sie, dass am Winterhimmel andere Sterne zu sehen sind als am Sommerhimmel. Manche Sternbilder sieht man das ganze Jahr. Machen Sie die Sternbilder für die Kinder lebendig, indem Sie ihnen von den alten Griechen erzählen. Die Sternbilder waren für die

Griechen Tiere, Menschen und Götter aus ihrer Sagenwelt. Die Griechen verbanden die Lichtpunkte zu Gestalten. Eine Gestalt heißt Orion, der große Jäger am Wintersternenhimmel.

Planen Sie mit den Kindern einen Besuch bei einer Sternwarte. Die Kinder werden vom Blick durch ein Teleskop sicher fasziniert sein. Im Planetarium erleben sie eine Nacht im Zeitraffer. Vielleicht dürfen sie einen Meteoriten anfassen, ein Stein, nicht von unserer Erde. Die Kinder werden sprachlos sein. Erweitern Sie das Thema, wenn es Ihnen gelungen ist, Ihre Begeisterung auf die Kinder zu übertragen und die Kinder nicht genug bekommen können vom Weltall. Vielleicht kommen Sie auf Satelliten, Raketen und die Raumfahrt zu sprechen?!

Es geht darum, Bildungsinhalte zu finden, die so spannend sind, dass wir sie Kindern nicht vorenthalten sollten. Auch wenn die Materie schwierig ist. Dann müssen eben Inhalte ausgewählt werden, die Kinder ansprechen, sie faszinieren, von immensen Wissenswelten zeugen und die erste Spuren im Gedächtnis der Kinder hinterlassen.
Am Beispiel Astronomie möchte ich auch verdeutlichen, dass zuerst Sie als Erzieherin einen Zugang zum Thema finden müssen, bevor Sie es Ihren Gruppenkindern vermitteln können. Sie haben sich Ihre Neugierde bewahrt (siehe Kapitel 4, S. 43f.), Sie wollen selbst immer wieder neue Wissensgebiete für sich erkunden!? Genau das ist auch das spannende am Erzieherberuf, jungen Erdenbürgern die Welt zu zeigen!

Kunst

Wenn Kinder malen und zeichnen, üben sie die Feinmotorik, sie lernen die Farben kennen, sie sind »sinnvoll beschäftigt«. Die Zeichnungen können aufgehängt und mit nach Hause gegeben werden. Wenn die Kinder der Erzieherin die »fertigen« Bilder unter die Nase halten, kommt vielleicht der Kommentar: »Das ist aber nett!«, »Ach wie schön!«, »Du könntest noch ein bisschen mehr malen!«. Kann das in der Begegnung mit Kunst wirklich alles sein?

Viele Erzieherinnen haben neue Wege beschritten, wie sie Kindern Kunst näher bringen können. Sie wissen, dass Malen und Zeichnen Ausdrucksmöglichkeiten sind. Und dass Ausdrucksmöglichkeiten geübt werden müssen.
Wenn ich von einer Abendstimmung hingerissen bin, kann ich sie fotografieren, filmen, malen, ich kann darüber schreiben oder erzählen. Ich kann mit Tönen und Melodien die Stimmung »einfangen«.

Die Kinder und die Erzieherin besprechen was es heißt »Stimmung einfangen« und »Eindrücke festhalten«. Was war für die Kinder so schön und überwältigend, dass sie es nie vergessen werden? Sie möchten es festhalten. Kann man das? Wie haben Künstler Eindrücke festgehalten? Eine kleine Gruppe von Kindern besucht eine Gemäldeausstellung. Die Erzieherin hat als Vorbereitung drei, vier Bilder zum Thema »Stimmung einfangen«, »Eindrücke festhalten« ausgewählt. Die Kinder beschreiben, was sie sehen. Diskutieren, was der Künstler festhalten wollte, welche Stimmung in dem Bild liegt. Analysieren, mit welchen Mitteln der Künstler die Stimmung wiedergibt. Die Kinder entwickeln ein persönliches Verhältnis zu den Bildern. Sie bekommen einen Blick für künstlerische Gestaltung.
Ein Morgenspaziergang wird geplant. Aufgabe: »Stimmungen einfangen« und »Eindrücke festhalten«. Zurück im Kindergarten werden Bilder gemalt. Die Techniken werden vorher besprochen, ausprobiert und geübt.
Ein Künstler wird in den Kindergarten eingeladen. Er arbeitet neben den Kindern. Die Kinder können ihn beobachten. Er erzählt von seiner Arbeit, wie er dazu gekommen ist, was er gelernt hat, warum er malt, wie er malt, für wen er malt.
Andere Maler, die sehr berühmt wurden, werden vorgestellt und besprochen. Zum Beispiel aus dem Leben Vincent van Goghs:

- Was gehört zu seinen Hauptwerken?
- Wie ist sein Stil? Woran erkennt man seine Bilder?
- Malen wie Van Gogh: »Weizenfeld mit Raben«. Welche Farben verwendete er? Wie hat er wohl das Bild begonnen? Welche Stimmung wollte er einfangen? Wirkt das Bild bedrohlich oder heiter? Was wollen die Raben auf dem Weizenfeld? Wie können wir die dicken Pinselstriche nachmalen? Gefällt euch das Bild? Würdet ihr es aufhängen, wo?

Zum Thema »Kunst« gehört auch die Beschäftigung mit dem Thema »Licht«. Wie gelingt es Künstlern, in ihren Bildern Licht, Lichteinfall, Licht und Schatten darzustellen? Wie erkennen wir, in welcher Richtung die Lichtquelle sein muss? Was bedeutet Licht für die Stimmung in einem Bild? Wie können wir Licht malen? Es gibt eine Kunstrichtung, für die Licht sehr wichtig war. Sie heißt Impressionismus. Die Impressionisten zogen mit ihrer Staffelei ins Freie, wählten einen Bildausschnitt und malten ihre Eindrücke. Wir gehen mit unserer Malausrüstung ins Freie und suchen uns einen Bildausschnitt und machen uns ans Werk. Die künstlerische Welt öffnet sich den Kindern.

Zeichnen und Malen hat für Kinder auch die Funktion, Erlebnisse zu dokumentieren, zu

Keine Angst vor der Skulptur: So fröhlich, wie die beiden Mädchen die besondere Atmosphäre der Kunsthalle mit antiken Büsten genießen, können sich auch Erzieherinnen an neue Bildungsbereiche heranwagen. Niemand muss alles kennen oder können, aber Interesse zeigen und gemeinsam mit den Kindern lernen, weist den richtigen Weg.

verarbeiten und zu vertiefen. Das ist das »Schreiben« im Kindergarten. Die Kinder zeichnen beispielsweise: »Wir waren auf der Sternwarte«. Die Erzieherin schreibt die Aussagen der Kinder dazu. Gleichzeitig erfährt sie, was die Kinder beeindruckt hat, wie sie die Informationen aufgenommen haben. Auf dieser Grundlage kann sie die nächsten Bildungsschritte planen.

Die Erzieherin regt die Kinder an, im Urlaub ein Reisetagebuch zu zeichnen. Die Eltern sollen die Aussagen der Kinder dazuschreiben. Zurück im Kindergarten wird es der Gruppe vorgestellt.

Zeichnen als Schreiben der Kindergartenkinder – sie erfahren dabei etwas Wichtiges: Ich kann meine Erlebnisse und Eindrücke dokumentieren, dabei mache ich sie anderen zugänglich. Ich kann später meine Bilder nochmals anschauen, mich daran erinnern und an die Erfahrungen anknüpfen.

Malen und Zeichnen ist nicht nur eine feinmotorische Übung: Kinder machen ästhetische Grunderfahrung (Was ist schön?, Was finde ich schön?), bekommen ein Gespür für Farben und Komposition, sehen die Welt mit den Augen eines Künstlers, schärfen ihr Beobachtungsvermögen, üben den Blick für »Unscheinbares«, entwickeln eine persönliche Beziehung zur Kunst, erleben Zeichnen und Malen als Dokumentationsmöglichkeit, erleben Malen als Erkundungsprozess, das Endprodukt ist eher nebensächlich. Das Experimentieren mit verschiedenen Farb- und Papiermaterialien steht im Vordergrund.
Auf die Zeichnungen der Kinder individuell und situationsbezogen zu reagieren, übersteigt beinahe die Belastbarkeit der Erzieherin im Kindergartenalltag. Aber was wünscht sich ein Kind wohl, das lange Zeit intensiv an einem Bild gemalt hat und es dann voller Stolz der Erzieherin zeigt? Wie kann die Erzieherin den Bildungsinhalt Kunst, künstlerische Gestaltung und Ausdrucksfähigkeit üben und unterstützen? »Das ist aber nett!«, zu sagen, haben sich manche Erzieherinnen angewöhnt, freundlich aber oberflächlich. Das ist keine Auseinandersetzung mit dem Kind und seinem Bild. Für eine künstlerische Weiterentwicklung müssen Sie sich die Zeit nehmen und dem Kind »Feedback« geben: Kannst du mir erzählen, was du gemalt hast? Warum steht das Haus hier vorne? Du hast viel Blau verwendet. Wie bist du auf die Idee gekommen, das zu malen? Sollen wir das Bild der Gruppe zeigen? Möchtest du den anderen darüber erzählen?

Gefühle

Gefühle, in ihrer Rohform Affekte genannt, überkommen Kleinkinder. Sie werden von ihnen vereinnahmt. Sie verwirren sie. Sie können nicht begreifen, was mit ihnen geschieht. Gefühle veranlassen sie zu Handlungen und Aktionen, die sie hinterher nicht verstehen. Kleinkinder sind gefühlsmäßig sehr verletzbar. Sie haben noch keine Schutzmauer um ihre Gefühlswelt aufgestellt, sie wissen sich nicht vor Einflüssen zu wehren, können leicht manipuliert werden, sie werden von den Gefühlen der anderen »angesteckt«, zeigen ihre Gefühle in sehr jungen Jahren direkt und spontan. Später, im Laufe der Kindergartenjahre, lernen sie ihre Gefühle zu »beherrschen«.

Die im dritten Kapitel besprochene kindliche Wahrnehmungs- und Fantasiewelt hilft uns Erwachsenen auch, die Gefühlswelt der Kindergartenkinder besser zu verstehen. Die fantasievolle Wahrnehmung verbunden

mit der wertenden (etwas ist gut oder böse) und die auf sich bezogene Wahrnehmung bringt manche Kinder in einen Gefühlszustand, der für uns Erwachsene nur schwer nachvollziehbar ist.
Eines bringen Gefühle für die Erwachsenen sicher zum Ausdruck: Botschaften über die Befindlichkeit des Kindes.
Auch wenn ältere Kleinkinder schon eine gewisse Stabilität in ihrem Gefühlsleben erreicht haben, so können doch äußere und innere Veränderungen und Ereignisse, wie Krankheit, Verluste und Angsterlebnisse, sie wieder sehr bedürftig machen. (Das trifft im Übrigen auch für Erwachsene zu!) Sie brauchen dann wieder eine emotionale Feststation. Sie brauchen erwachsene Bezugspersonen, die ihnen durch persönliche Anteilnahme und Fürsorge helfen, ihre Gefühlsaufruhr zu verarbeiten.

Erzieherinnen müssen sich ihrer Grenzen in diesem Zusammenhang bewusst sein. Sie können kurzfristig einzelnen Kindern emotionalen Halt geben, wenn Kinder das annehmen, aber sie können nicht für 25 Kinder die Hauptbezugsperson sein. Insofern sind sie darauf angewiesen, aus den Familien zu einem gewissen Grad emotional stabile Kinder zu bekommen. Die Erzieherin kann in der emotionalen Grundversorgung des Kindes die Familie nicht ersetzen. Intimität, Nähe, grenzenloses Vertrauen, hundertprozentiges Annehmen, kann nur in der Familie gelebt und erlebt werden. Dem Kindergarten die Aufgabe zuzuschreiben, mangelnde emotionale Zuwendung der Familie auszugleichen, übersteigt die Möglichkeiten einer Gruppenbetreuung in Kindertagesstätten.

Was bedeutet nun der Bildungsinhalt »Gefühle« für die Kindergartenarbeit?
Sie können als Erzieherin im Kindergarten Kindern helfen, die eigene Gefühlswelt und die der anderen Kinder verstehen zu lernen. Wie kann das geschehen? Gefühle müssen aus dem Bereich des Diffusen, des Undefinierbaren herausgeholt werden. Das entspricht auch der Erfahrung von Experten, die mit traumatisierten Kindern arbeiten (Kinder mit Gewalterfahrungen, Scheidungskinder, trauernde Kinder nach einem Todesfall).
Wenn Gefühle einen Namen bekommen, werden sie greifbar. Man kann über sie sprechen. Darüber sprechen heißt, Gefühle können verarbeitet werden. Kinder erfahren, es ist ganz »normal«, dass sie wütend sind, wenn sie sich ärgern oder wenn sie trauern, weil sie etwas Liebgewonnenes verlieren. Trauer und Wut hängen zusammen, auch Angst und Aggression.

Kann die Erzieherin Kindern vorbeugend »Werkzeuge« an die Hand geben, die ihnen

ein gesundes Gefühlsleben ermöglichen? Gefühle benennen lernen als Prävention vor dem emotionalen Supergau?
Bei Frustrationen und Enttäuschungen die Gefühle artikulieren lernen, kann ein Schritt in Richtung konstruktive Bewältigung von Niederlagen sein und damit eine Grundlage für die psychische Gesundheit im Leben legen. Das muss im Kleinen tagtäglich im Kindergarten eingeübt werden.
Für viele Erzieherinnen ist es selbstverständlich, dass sie im Kindergartenalltag den Kindern ihre eigenen Gefühle bewusst machen: »Du bist jetzt wütend, weil dein hoher Turm eingestürzt ist. Überlegen wir gemeinsam, wie du ihn gebaut hast und was du daran verbessern könntest, dass er nicht so leicht umfällt.«
Es geht also darum, die Gefühle zuzulassen, Verständnis zu zeigen, die Gefühle zu erklären und Möglichkeiten aufzuzeigen, wie man aus der Enttäuschung lernen kann. Es geht auch darum, Kleinkindern zu helfen, bei Ärger »angemessen« zu reagieren. Stellen Sie sich einen Erwachsenen vor, der bei jeder Enttäuschung Gefühle zeigt, die wir bei Kleinkindern noch als »normal« empfinden und tolerieren: Wir nennen solche Menschen unbeherrscht, emotional instabil, aufbrausend, labil.
Der emotionale Bildungsinhalt erfordert von Erzieherinnen viel »Fingerspitzengefühl«, Einfühlungsvermögen und Takt. Denn Gefühle benennen heißt immer auch, auf eine Emotion hin festgeschrieben zu werden: »Du bist jetzt sicher traurig«. Oder wertend: »Sei nicht immer gleich so wütend!«.

Losgelöst von Situationen, die Gefühle auslösen, auf die die Erzieherin dann reagiert und die zu den ungeplanten Bildungsanlässen zählen, kann mit Gefühls-Gruppenspielen ein bewussterer Umgang mit Emotionen eingeübt werden:
Ein Kind imitiert ein Gefühl. Die anderen Kinder sollen erraten, was das Kind mit dem Gesichtsausdruck und der Körperhaltung ausdrücken will. Auch Widersprüche können von der Kindergruppe aufgedeckt werden. Ein Kind hüpft mit einem traurigen Gesicht im Kreis herum. Die Botschaft ist: Wir verbergen oft unsere Gefühle, um nicht verletzbar zu sein oder weil wir dem Anderen nicht zeigen wollen, wie es uns wirklich geht, um ihn zu schonen.
Auch der Zusammenhang zwischen Fühlen und Gefühlen kann erarbeitet werden. Was ist angenehm zu fühlen, was unangenehm? Bestimmte Geräusche oder Stoffe lösen Unlust aus, andere sind wohltuend.

Das Bildungsziel ist der emotional stabile Mensch. Das macht auch die Persönlichkeit eines Menschen aus. Er kann als Person gelten, die feinfühlig, rücksichtsvoll, freundlich und zuvorkommend gegenüber anderen ist und ihren eigenen emotionalen Haushalt so im »Griff« hat, dass Ausgeglichenheit nicht das Ergebnis einer zwanghaften Selbstbeherrschung ist, sondern eines über den alltäglichen Dingen stehenden Lebensgefühls.

»Alte« Bildungsinhalte des Kindergartens müssen überdacht und gegebenenfalls aktualisiert werden. Neue Bildungsinhalte werden eingeführt. Technische Bildung, wie z.B. erste Erfahrungen der Kinder mit dem Computer, sollte für viele Kindergärten selbstverständlich werden. Ebenso erste Kontakte mit einer Fremdsprache. Diese Angebote können systematisch aufgebaut werden, mit regelmäßigen Übungseinheiten oder ab und zu in den Kindergartenalltag aufgenommen werden, damit Kinder eine Ahnung davon bekommen, wie eine andere Sprache klingt.
Gesundheitsbildung, wie Zähneputzen, gehört oft zur Kindergartenalltagsroutine.
Musikalische Bildung sollte in der Kindergartenarbeit immer schon ein Schwerpunkt sein. Neuere Forschungsergebnisse und der Blick über die Grenzen zeigen, warum musikalische Bildung wichtig ist und was alles an spannenden Musikbegegnungen möglich ist.

Dem Kindergarten als Bildungseinrichtung stehen viele Möglichkeiten offen. Es wird immer wieder von den Erzieherinnen die Frage gestellt: Was sollen wir noch alles machen, was ist das wichtigste, wie können wir den Überblick behalten bei den vielen Möglichkeiten?
Ein Orientierungspunkt bei der Auswahl von Bildungsinhalten ist der Familienhintergrund und die individuelle Bildungsgeschichte jedes Gruppenkindes. Das nächste Kapitel geht auf dieses Thema ein.

6. Kapitel
Felix kommt bald in den Kindergarten

Vor-Bildung von Kindergartenkindern

Wenn die Kinder in den Kindergarten kommen, wissen sie meistens, dass die Bäume nicht im Wohnzimmer wachsen, dass die Kinder nicht älter als die Eltern sein können, dass die Kasse im Supermarkt beim Ausgang steht und dass man nach und nicht vor dem Essen die Zähne putzt. Die Selbstverständlichkeiten des Alltags müssen erst selbstverständlich werden. Der so genannte gesunde Menschenverstand muss sich erst entwickeln. Alltagswissen, lebenspraktische Bildung und positive Grundhaltungen werden größtenteils in der Familie erworben. Darüber hinaus erfahren Kleinkinder vermittelt durch die Hobbies der Eltern, manchmal auch über deren Berufstätigkeit, über soziale Netze, bestehend aus Verwandten, Bekannten und Nachbarn, Spezial-Wissen auf bestimmten Gebieten. Viele Eltern beobachten außerdem die Interessen ihrer Kinder und gehen darauf mit großem Einfallsreichtum ein.
Auch wenn nicht immer sofort ersichtlich, kommen Kleinkinder doch mit einem enormen Wissens- und Bildungsstand in den Kindergarten. An dem kann die Kindertagesstätte anknüpfen.

Wie gestalten Sie in Ihrem Kindergarten das Aufnahmegespräch mit den Eltern der neuen Kinder? Werden bürokratische Dinge besprochen? Wird die Krankengeschichte nachgefragt? Der Impfpass vorgezeigt? Informieren Sie die Eltern über Angelegenheiten des Kindergartenalltags?
Erzieherinnen und Leiterinnen erzählen bei Fortbildungen, dass sie hauptsächlich diesen Dingen bei der Aufnahme ihr Augenmerk schenken.
Ein Leitsatz der Kindergartenpädagogik heißt: Die Kinder sollen da abgeholt werden, wo sie stehen. Erzieherinnen müssten auf jedes einzelne Kind mit seinen Interessen eingehen, jedem Kind mit seinen Bedürfnissen gerecht werden Ein hoher Anspruch, der nur eingelöst werden kann, wenn der Erzieherin die Erfahrungen, die die neuen Kinder mit Bildungsinhalten schon gemacht haben, bekannt sind. Erzieherinnen sind angehalten, familienergänzend und familienunterstützend zu arbeiten. Das ist jedoch nur

möglich, wenn sie wissen, was der Familie wichtig ist, welche Bildungsinhalte die Eltern ihrem Kind schon vermittelt haben und wie das Kind darauf reagiert hat.

Eine beispielhafte Familienbildungsgeschichte

Betrachten wir Felix, einen vierjährigen Jungen, der in fünf Monaten in den Kindergarten kommen wird. Hier seine Familienbildungsgeschichte aus der Sicht des Vaters, die als Beispiel dienen soll, um aufzuzeigen, mit wie viel Wissen und Bildung unsere Kinder schon in den Kindergarten kommen können.

Zur Familiensituation

Felix hat keine Geschwister. Er ist ein Wunschkind. Die Eltern arbeiten nach einem Universitätsstudium (Naturwissenschaften) in gehobener Position. Felix wird im ersten Jahr von seiner Mutter, im zweiten Jahr von seinem Vater betreut. Ab dem dritten Jahr arbeitet der Vater halbtags. Die Betreuungslücken werden von einer Pflegemutter und einer „Leihoma" gefüllt.

Interview mit dem Vater

Frage: Wie wichtig sind die ersten Jahre für das spätere Leben?
Vater: Ich glaube, dass sie sehr entscheidend sind. Das wichtigste, vielleicht sehe ich es auch übertrieben, ist dieses Grundvertrauen, in sich und in die Eltern. Dass Felix so eine Basis hat, auf der er alles aufbauen kann, auch später im Leben. Diese persönliche Sicherheit, dieses Angenommensein haben wir versucht ihm zu geben. Immer wenn er geschrieen hat oder irgendwelche Probleme hatte, haben wir ihn getröstet, Körperkontakt, also alles das.
Und diese Selbstsicherheit, die er durch diese Basis hat, wirkt sich auch insofern aus, dass er sehr stark argumentiert. Er gibt bei irgendwelchen Sachen, wo er glaubt, dass er recht hat, nicht auf. Das ist in der Erziehung manchmal etwas problematisch, weil er natürlich auch Sachen meint, die nicht so sind, wie er glaubt. Er weiß, dass wir ihn ernst nehmen. Dass das, was er sagt, ernst genommen wird.

Das Aufwachsen von Felix wird festgehalten

Felix »ist voll dokumentiert – Fotos, Videos«, lacht der Vater. »Das schaut Felix sich auch gerne an. Er kann sich deshalb an Sachen erinnern, die er mit anderthalb Jahren gemacht hat, weil er sich die Bilder immer wieder anschaut. Die Erinnerungen wird er nicht verlieren. Das merkt man«.

Felix und die anderen

Den Eltern ist wichtig, dass Felix mit anderen Kindern zusammenkommt. Als sie noch an einem Ort wohnten, wo keine Kinder im direkten Umfeld lebten, haben sie bewusst die Kontakte von Felix mit anderen Kindern geplant. Nun, an dem neuen Wohnort »gibt es zwanzig, dreißig Kinder in ähnlichem Alter«.

Felix wohnt in drei Haushalten

»Bei der Pflegemutter, da hat er so ein bisschen einen Geschwisterersatz. Da sind zwei Kinder, eines ist neun und eines 14 Jahre alt und die kennt er jetzt auch schon zweieinhalb Jahre lang. Die Leihoma hat eine große Familie: Sie selbst hat für ihn tatsächlich die Rolle einer Oma. Seine eigene Oma sieht er alle zwei Monate einmal und die Leihoma zumindest alle zwei Wochen. Dort bekommt er mit, was eine große Familie ist. Sie hat selber vier Kinder und die haben alle Freunde. Das erste Enkelkind ist gekommen, das sieht er jetzt auch. Er ist im Krankenhaus gewesen. Er weiß natürlich auch, dass die Kinder aus dem Bauch von der Mama kommen, das ist eh klar.
Die ganze Familie der Leihoma, das ist ein wichtiger Punkt für sein Umfeld, diese Familie dort, da fühlt er sich extrem wohl, weil ihn alle angenommen haben. Sie freuen sich, wenn er kommt.«

Felix und Papa allein zu Haus

Und dann sind da noch die Tage, die Felix mit seinem Vater verbringt. Felix steht zwischen sechs und sieben Uhr auf, manchmal frühstückt er mit der Mutter. Er verabschiedet sich von ihr und »ist extrem traurig, wenn er das nicht machen kann, winken und so«. Dann werden mit dem Vater die Spielsachen aufgeräumt. Anschließend richten sich Vater und Sohn zum Einkaufen her. Sie fahren mit dem Bus, gehen zu Fuß oder nehmen das Rad, je nachdem wie das Wetter ist und je nach Jahreszeit. »Wir machen diese Runde immer, wenn ich zu Hause bin. Der Haushalt muss ja immer wieder aufgestockt werden. Und dann ergeben sich die vielen Geschäfte, weil ich immer für zwei oder drei Tage einkaufen gehe. Da sieht er auch, dass Sachen vorbestellt werden müssen, damit wir sie frisch bekommen. Das kennt er alles, weiß er alles.« Wichtig ist dem Vater, dass Felix ein Gespür für Qualität bekommt: »Wenn ich

nur in *ein* Geschäft gehe, dann hat er das Gefühl, da bekommt man alles und es ist egal, wie die Ware ist. Wenn ich aber sage, ich muss jetzt in das und das Geschäft, weil da gibt es eben jeweils das Beste. Das Brot, zum Beispiel, da muss ich eben zum Bäcker gehen, das kann ich nicht in dem einen Geschäft kaufen, weil das Brot beim Bäcker ist das beste Brot. Wegen dem gehe ich dorthin. Oder die Butter. Ich mache das ja nicht nur für ihn, sondern auch für uns. Ich habe ihn immer zum Einkaufen mitnehmen müssen, weil wir ja sonst niemanden haben. Dadurch hat sich das so ergeben.«
Felix weiß zum Teil, wo die Waren in den Regalen zu finden sind. »Wobei er die eigentlich nicht herausnehmen darf, normalerweise, das mache schon ich. Weil sonst kommt das außer Kontrolle und dann greift er alles an und das will ich nicht. Da bin ich relativ streng, beim Einkaufen, weil sonst ist es mit ihm nicht machbar. Er wird dann natürlich gegen Ende auch etwas müde und wenn er dann so Sachen gewohnt ist, dann wird es unangenehm.«
An der Kasse kommen sie an den Süßigkeiten vorbei. »Das war von Anfang an so, dass wir bei der Kasse nichts eingekauft haben. Ich habe einmal eine Schachtel gesehen, die bei der Kasse stand, das haben sie vielleicht übersehen. Auf der Schachtel stand: ‚Achtung, Impulsware, unbedingt bei der Kasse platzieren'. So etwas kaufen wir prinzipiell nicht, auch wenn es interessant wäre. Bei der Kasse wird einfach nichts gekauft. Dann habe ich Felix auch immer wieder erklärt, dass das zum Teil sehr ungesunde Sachen sind und die Zähne kaputt macht. Das ist alles ‚Plunder' habe ich ihm gesagt. Und das sagt er jetzt schon selber. Er will auch nichts bei der Kasse. Er schaut sich die Sachen an und lacht, weil es irgendwelche lustigen Figuren sind.«

Zu Hause werden die Waren ausgepackt. Felix spielt in der Zwischenzeit, manchmal draußen im Hof mit der Freundin. Felix liebt es gemeinsam mit dem Vater zu kochen. »Da will er dabei sein. Schon als er ein Jahr alt war, habe ich mit ihm am Arm gekocht, einhändig. Für ihn ist Kochen ein Spaß.« Felix hat seine eigene Platte am Herd. Er kocht mit, hilft beim Pizzateig, dreht die Kurbel bei der Nudelmaschine, zerlegt mit den Vater einen ganzen Fisch. Beim Kochen vermittelt der Vater Interessantes und Nützliches: Woher kommen die Luftblasen im Hefeteig? Aufpassen beim heißen Öl, es kann spritzen! Man muss wissen, wie man den Herdschalter einstellt. Wie macht man einen Nudelteig? »Ich versuche ihm zu vermitteln, dass auch das Kochen schon eine Lust sein kann, ein Genuss. Besonders toll ist es, wenn seine Freundin auch noch da ist und sie auch mitessen kann. Dann hat *er* mitgekocht und kann ihr das vermitteln.

Wie sagen sie immer: ‚Lecker Schmecker' (lacht). Sie bezeichnen mich dann als ihren Koch, die zwei. Das ist immer recht ein Spaß.«
Am Nachmittag spielt Felix mit der Freundin Familie. »Da müssen sie immer wegfahren, Auto einpacken und Kind versorgen, einkaufen natürlich und kochen. Da wird alles nachgespielt. Das können sie bis zu drei Stunden lang machen, ohne dass sie irgendeinen Erwachsenen brauchen. Da sind sie in ihrer eigenen Welt. Die Sandkiste ist natürlich der große Hit. Das ist klar. Ein Fahrrad hat er auch, damit kann er herumfahren. Und er ist am Nachmittag auch sehr viel alleine unten im Hof. Schon seit einem Jahr. Er weiß, wo ich bin und er weiß, dass ich immer wieder einmal nach ihm schau. Er behält auch den vorgegebenen Radius von 300 Metern ein. Ich muss keine Angst haben, dass er kilometerweit wegläuft. Das ist noch nie passiert. Man kann mit ihm auch vernünftig argumentieren, was das anbelangt. Dass er in der Nähe bleiben muss. Wenn Felix wieder in die Wohnung will, läutet er.«
Am Abend, wenn die Mutter nach Hause kommt, legt die Familie Wert darauf, bei einem gemütlichen gemeinsamen Abendessen den Tag ausklingen zu lassen: »Das Essen ist unser zentraler Punkt am Tag, von der Familie sozusagen. Das ist uns sehr wichtig.«

Felix mit der Mutter auf dem Bauernhof

In der direkten Nachbarschaft gibt es einen Bauernhof, den Felix mit seiner Mutter regelmäßig aufsucht. »Die Bauersleute gehen sehr sorgsam mit den Tieren um, da kann er alles sehen: Kühe, Schweine, Schafe, Hühner und wie alles funktioniert, wie die Tiere auf die Welt kommen, wie sie gesäugt werden, wo die Eier herkommen.«

Es geht den Eltern weniger um die Produkte, die sie auf dem Bauernhof erwerben, als vielmehr um die Einblicke für ihren Sohn, um das Alltagswissen, das Felix nebenher mitbekommt: »Er saugt das richtig auf, tagtäglich, das ist für ihn etwas ganz Selbstverständliches geworden. Uns ist sehr wichtig, dass er eine wirkliche Beziehung zum Leben bekommt. Was ist nötig für das Leben, wo kommt das alles her? Und da hat er sicher ein relativ hohes Wissen. Wissen, wo wir Menschen in der Natur stehen, wie alles zusammenhängt, so ein Grundverständnis.«

Felix' Interessen

»Er liebt Musik. Es vergeht fast kein Tag, wo wir nicht irgendeine Tanzmusik einlegen, wobei er meistens die Musik selber auswählt. Was meistens sehr schmissige Musik ist.«

Felix liebt Musik: Zusätzlich zu den richtigen Instrumenten spielt er auch gerne auf seiner Kindergitarre, um Sänger und Gitarristen zu imitieren. Seine musikalischen Kenntnisse kann auch der Kindergarten nutzen und weiter fördern.

Die Eltern unterstützen seine Begeisterung für Musik, indem sie ihm ein Keyboard, eine Flöte und Klarinette gekauft haben. »Er will einfach nur spielen und alles kennen lernen und experimentieren. Das lassen wir ihn einfach tun.«
Felix zeichnet und modelliert gerne. »Also modellieren mit Plastillin. Und da habe ich auch das Gefühl, dass er eine gewisse Begabung hat, was das Formen angeht. Zeichnen ein bisschen weniger.« Er schaut begeistert die Videos von Mr. Bean an. »Im Augenblick spielt er von Mr. Bean alle Episoden nach. Die Weltkugel kennt Felix schon. Er weiß, wo wir schon überall waren, von den Reisen her. Wir schauen im Atlas nach. Ihn interessiert auch, wo der Mond ist, wo die Sterne sind. Er weiß, dass die Sterne viel, viel, viel weiter weg sind als der Mond. Das interessiert ihn auch sehr, alles so mit Raumfahrt, Raketen und so.« Unterstützt wird sein Inte-

resse vom Vater mit Büchern über die Planeten (»Er erkennt den Saturn, den Jupiter«) und einem CD-ROM-Lexikon. »Da kann er Raketen zusammenbauen, kann sie starten lassen. Es sind die Leute drin, die irgendetwas mit Raumfahrt zu tun haben. Die klickt er sich an. Der Computer liest ihm das dann vor, was die alles machen«.

Felix und der Computer

Der Vater hat immer auch zu Hause am Computer gearbeitet. »Den hat er von Anfang an gekannt und eingeschaltet und herumgespielt. Er hat das immer machen dürfen. Ich habe dann auch nach einer gewissen Zeit, als er zwei Jahre alt war, die ersten Programme überlegt, die ich ihm besorgen könnte.« Er hat ein Spiel über Haustiere bekommen. Dazu hätte Felix die Maus bedienen sollen. Das wollte er aber nicht. Sein Vater sollte das für ihn machen. Er war lieber Zuschauer. »Das ist drei Monate so gegangen. Und dann auf einmal hat er sich die Maus selber geschnappt und innerhalb von zehn Minuten hat er das ganze Spiel beherrscht.«

Felix hat dann noch andere Spiele für den Computer bekommen. »So Lernspiele mit kleinen Aufgaben.« Bei der Auswahl der Spiele achtet der Vater zuerst auf die Altersangabe »aber auf die kann man nicht immer gehen. Ich schaue, dass es Themen sind, die ihn interessieren.« So besorgte er Felix ein Einkaufsspiel, »wo zwei Figuren in der Stadt einkaufen gehen. Sie bekommen einen Einkaufszettel und dann müssen sie alle Sachen finden, zu verschiedenen Plätzen fahren. Das Spiel hat er auch sehr schnell beherrscht. So ein ähnliches Spiel gibt es auch mit einem Fahrrad, das man zusammenbauen muss. Das hat er eine zeitlang sehr intensiv gemacht, da hat er sicher jeden Tag im Durchschnitt 20 Minuten damit gespielt. Aber das Interesse ist wieder abgeflaut.«

Felix und die Tiere

»Was mir noch wichtig ist, dass wir fischen gehen. Dass er sieht, dass man einen Fisch fangen und auch töten muss, wenn man ihn essen will, weil man Hunger hat. Auf der einen Seite hat er die Katze zu Hause, Tierliebe! Also diese Diskrepanz, die muss er schon irgendwie verstehen, weil sonst hat er ein Problem. Auch wenn er Tierfilme sieht. Ich schalte bei so Szenen nicht aus, wo ein Löwe eine Antilope frisst. Ich kenne Eltern, die würden das ihren Kindern nicht zeigen wollen. Das klingt brutal, aber es gehört dazu.«

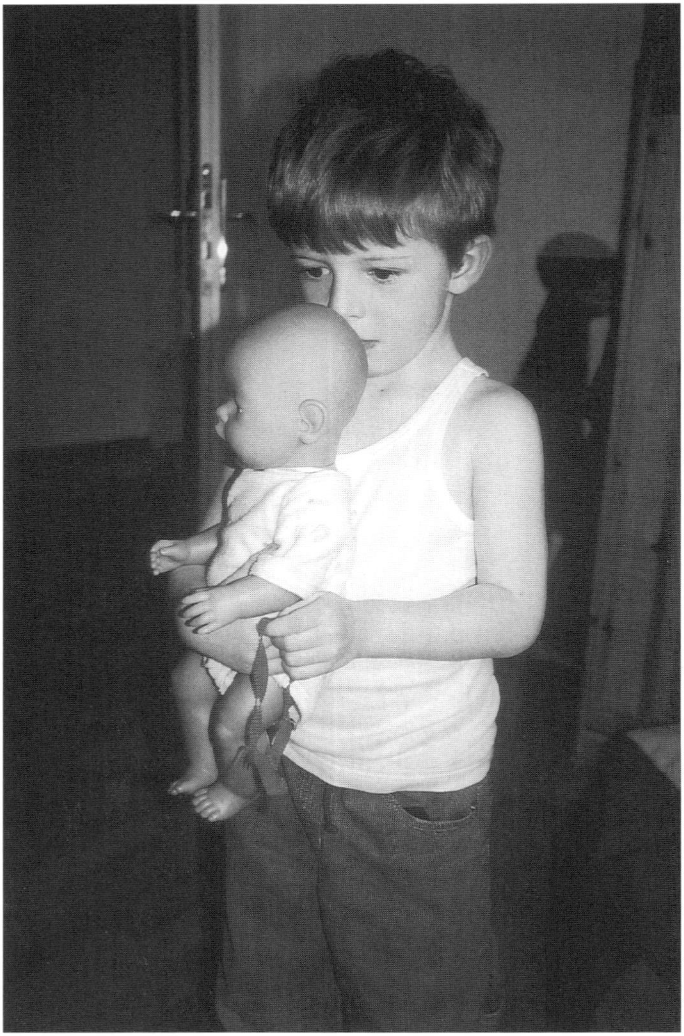

Bei der Leihoma hat Felix erlebt, wie ein Baby in eine Familie hineingeboren wird. Dementsprechend hätschelt und bemuttert er seine Puppe. An diesem fürsorglichen Interesse kann der Kindergarten anknüpfen.

Felix' Erfahrungen mit der Außenwelt

Bei der Pflegemutter und deren Kindern: »Am Anfang haben der Bub und das Mädchen viel mit ihm gespielt. Das Mädchen hat nun damit aufgehört und hat jetzt andere Interessen. Das muss er auch lernen. Diese intensive Beziehung, die sich wieder lösen kann. Er hat dann auch eine zeitlang ein bisschen Probleme gehabt, er wollte nicht zur Pflegemutter gehen. Da haben sie anscheinend immer gestritten oder er hat sich zurückgesetzt gefühlt.«
Felix und seine Puppe: »Felix spielt oft alleine mit seiner Puppe. Das kann eine Stunde lang sein. Dann nimmt er sie mit ins Bett und redet mit ihr und hätschelt sie. Das macht er aber bei geschlossener Tür. Ich glaube, dass er schon einmal gehänselt worden ist. Ich kann mir sonst keinen anderen Grund denken, weil ich habe nie eingegriffen oder etwas gemacht. Wir haben uns

ja gefreut, als wir beobachteten, dass Felix anfängt die Puppe zu bemuttern.«
Bei der Kindergarten-Einschreibung bekommt Felix Süßigkeiten: »Wenn Felix in einem Geschäft Süßwaren als Geschenk bekommt, nehmen wir das prinzipiell nicht an. Was ich z.B. schlimm finde ist, dass in der Apotheke oder auch bei Ärzten so was angeboten wird. Und dann heißt es in der Apotheke ‚Ist eh nur ein Traubenzucker'. Ja, jetzt beim Kindergarten, das ist ja schon ein richtiges Kaufen des Kindes, wenn man ihm Süßigkeiten anbietet, dass es freundlich ist, dass man sich damit die Zuneigung erkauft. Ich meine, man könnte ihnen im Kindergarten ja etwas anderes geben, einen Buntstift, den sie sich aussuchen können, dass sie schon Zeichnen üben können oder was weiß ich. Irgend so was, aber da müsste man sich etwas überlegen und das ist das Problem.«

Felix spielt mit realen Gegenständen

»Felix hat immer, darauf habe ich geachtet, mit authentischen Sachen gespielt. Er hat kein Kinderkochgeschirr. Er kann das gleiche Kochgeschirr verwenden wie ich. Er hat auch nie einen eigenen Puppenwagen bekommen, er hat immer seinen eigenen Wagen geschoben. So Kindersachen hat er nie gebraucht. Er nimmt den Gegenstand auch ernster, weil er das ist, was wirklich Sache ist. Da wird auch das richtige Essen drin gekocht.«

Felix – ein privilegierter Ausnahmefall?

Ist nicht jedes Kind, das in den Kindergarten kommt, ein Ausnahmefall? Steht denn nicht jedem Kind ein herzliches, warmes Willkommen auf dieser Welt zu, mit Eltern, die sich um es sorgen, es als Person wahrnehmen und ihm die Welt zeigen und erklären? Was bei dem Interview sicher auffällt ist, dass die Eltern die frühen Jahre, die ihr Sohn im Familienumfeld verbringt, als Bildungsphase bewusst wahrnehmen und gestalten.

Wenn ich auf Fortbildungsveranstaltungen das Interview mit Felix' Vater vorstelle, dann fällt es den Teilnehmerinnen oft schwer, ihre eigene Wertung über diese Vater-Kind-Beziehung herauszuhalten und die Familien-Bildungsgeschichte neutral zu sehen: Felix, als eines von vielen Kindern, das mit viereinhalb Jahren in den Kindergarten kommt. Felix' Bildungsjahre vor dem Kindergarteneintritt stehen als Beispiel dafür, mit welchem Wissen Kinder die Kindergartenzeit beginnen. Der Blick der Erzieherin soll darauf gelenkt werden, den Erfahrungsschatz der Kinder noch bewusster zu sehen und diesen Reichtum als Anknüpfungspunkt für die Bildung im Kindergarten zu nehmen.

Natürlich ist dieser Auszug aus dem Interview nur ein kleiner Bruchteil von dem, was Felix in den Jahren vor dem Kindergartenbesuch erlebt hat. Wir wissen beispielsweise wenig darüber, welches Wissen über alltägliche Lebenszusammenhänge Felix bei der Tagesmutter, der Leihoma oder im Hof im Spiel mit den anderen Kindern erworben hat. Trotzdem: Wissen Sie so viel über jedes Kind, das neu in Ihre Gruppe kommt, wie Sie jetzt vom Vater über Felix erfahren haben?

Sehen wir uns das Interview etwas genauer an. Aus den Aussagen des Vaters lassen sich für die Bildungsarbeit im Kindergarten Anknüpfungspunkte finden, Einblicke gewinnen und Schlussfolgerungen ziehen.

Übung: Auf den Spuren von Felix' Bildungsgeschichte

Sie können aus dem Interview mit Felix' Vater wichtige Schlüsse ziehen. Gehen Sie mit Kolleginnen die folgenden Fragen gemeinsam durch und notieren Sie die Antworten. Vergleichen und diskutieren Sie Ihre Ergebnisse aus der Übung untereinander und mit den weiter unten gegebenen Antworten.

Felix' Familie

1. Welches Alltagswissen und welche Alltagserfahrungen bringt Felix von zu Hause mit?
2. Welches Spezialwissen hat Felix erworben?
3. Welche Wissensbereiche werden von den Eltern bewusst für Felix geplant?
4. Wie vermittelt der Vater Wissen und Bildung an Felix?
5. Wie gehen die Eltern auf die Interessen von Felix ein?
6. Welche Haltungen und Erfahrungen sind den Eltern besonders wichtig?

Vorerfahrungen, die für den Kindergarten bedeutsam sind

1. Welche Haltungen und Erfahrungen von Felix sind auch für die Bildung im Kindergarten wichtig?
2. Wie lassen sich das Alltagswissen, das Spezialwissen und die Erfahrungswelt von Felix im Kindergarten erweitern?
3. Bei welchen Aktionen und Projekten im Kindergarten könnte Felix als »Fachmann« fungieren?
4. Welche Wissens-, Erfahrungs- und Bildungsbereiche kann der Kindergarten Felix eröffnen?

Auswertung der Fragen zu Felix' Familie

1. *Welches Alltagswissen und welche Alltagserfahrungen bringt Felix von zu Hause mit?*
   Felix hat ein beachtliches Alltagswissen: Er weiß über Nahrungsmittel und deren Herkunft Bescheid, er weiß, wo man was einkaufen kann und wie man Essen zubereitet. Er kennt die Gefahrenquellen in der Küche. Er hat Erfahrung im täglichen Abschiednehmen von der Mutter, manchmal von Vater und Mutter.

2. *Welches Spezialwissen hat Felix erworben?*
   Sein Spezialwissen liegt auf den Gebieten Musikinstrumente, Computer, Weltraum und Qualität bei Nahrungsmitteln, gesundes Essen. Er weiß, wie man Nudel- und Pizzateig herstellt. Er weiß, warum der Hefeteig Blasen bildet.

3. *Welche Wissensbereiche werden von den Eltern bewusst für Felix geplant?*
   Die Eltern haben die Einblicke in die Zusammenhänge der Nahrungskette und des Lebenskreislaufs und das Wissen über die Herkunft der Nahrungsmittel bewusst für Felix geplant: Bauernhof, Fischen, einkaufen, kochen.
   Sie wählen sorgfältig die Computerspiele aus.
   Sie haben Felix eine Puppe besorgt, damit er »bemuttern« lernen kann.

4. *Wie vermittelt der Vater Wissen und Bildung an Felix?*
   Der Vater lässt Felix beim Kochen zuschauen und mitkochen, er erklärt ihm beim Einkaufen, warum er spezielle Geschäfte aufsucht. Er bezieht ihn in die Alltagserledigungen mit ein.
   Er beantwortet Felix die Fragen nach den Sternen und den Planeten. Er dokumentiert das Aufwachsen von Felix und lässt ihn die Filme und Fotos über sich selbst anschauen. Er legt mit Felix eine Tanzstunde ein und teilt mit ihm die Freude an der Bewegung. Er lebt Felix vor wie wichtig es ist, den Tag bei einer gemütlichen gemeinsamen Mahlzeit ausklingen zu lassen.
   Er argumentiert mit seinem Sohn über Dinge, die er befolgen sollte. Er überträgt den Spaß am Kochen, den er hat, auf Felix. Er warnt ihn vor Süßigkeiten, weil sie schlecht für die Zähne sind. Dies sind alles Formen der Wissensvermittlung und Bildung.

5. *Wie gehen die Eltern auf die Interessen von Felix ein?*
   Sie besorgen ihm Computerspiele, Nachschlagwerke, Modelliermasse, Musikinstrumente. Sie legen ihm die Mr.-Bean-

Kassette ein und sind Zuschauer, wenn Felix Mr. Bean spielt. Sie lassen ihm Zeit und Ruhe für das Rollenspiel mit der Freundin. Sie ermöglichen ihm im Hof unter Kindern seine Interessen zu verfolgen und sind seine sichere Anlaufstelle.

6. *Welche Haltungen und Erfahrungen sind den Eltern besonders wichtig?*
   Den Eltern ist wichtig, dass Felix Urvertrauen und Selbstsicherheit entwickeln kann, Angenommensein erfährt, eine gesunde Lebensführung grundgelegt wird, dass er Süßigkeiten widersteht, sich beim Einkaufen angemessen verhält, mit Kindern zusammen kommt und erlebt, wie ein Baby in eine Großfamilie hineingeboren wird, dass er mit Ersatzgeschwistern das Streiten übt. Ihnen ist wichtig, dass Felix lernt, Diskrepanz auszuhalten: Tiere zum Gernhaben auf der einen Seite und Tiere als Nahrungsquelle auf der anderen Seite. Felix spielt mit dem »wirklichen« Küchengeschirr Kochen. Nicht eine Puppenküchen- und Puppenwagen-Scheinwelt soll aufgerichtet werden, sondern die Erfahrung mit authentischen Gegenständen, die Felix auch ernst nimmt und mit Sorgfalt handhabt, ist dem Vater wichtig.

Auswertung der Fragen zu Felix' Vorerfahrungen

1. *Welche Haltungen und Erfahrungen von Felix sind für die Bildung im Kindergarten wichtig?*
   Die Eltern bemühten sich, Felix' Grundbedürfnis nach emotionaler Sicherheit zu befriedigen. Das ist eine Voraussetzung dafür, dass Felix die Bildungsangebote im Kindergarten annehmen und nutzen kann.
   Felix ist es gewohnt, dass man ihm erklärt, warum man etwas von ihm verlangt. Er ist für Argumente offen. Er wird von den Eltern ernst genommen und als Person respektiert. Mit diesen Erfahrungen kommt er in den Kindergarten. Felix konnte in der Familie Selbstvertrauen, Selbstständigkeit und Selbstsicherheit aufbauen, Haltungen, die er jetzt ins Kindergartenumfeld übertragen muss. Felix hat Erfahrung im Abschiednehmen von seinen Eltern. Er kennt den Unterschied zwischen angemessenem Verhalten in der Öffentlichkeit – etwa beim Einkaufen – und zu Hause, im ungezwungenen Rahmen. Felix ist ein Kind, das gelernt hat sich »zusammen zu nehmen«. Bei Exkursionen können sich Erzieherinnen auf Kinder wie Felix verlassen. Im Kindergarten wird Wert auf gesunde Ernährung ge-

Bildungsvorerfahrungen einbeziehen: Manche Kinder, die den Kindergarten besuchen, bringen ungewöhnliche Vorerfahrungen und Interessen mit. Sie können als Experten eingesetzt werden und diese Bildungsbereiche auch anderen Kindern nahebringen.

legt. Eine Haltung, die Felix von zu Hause aus schon kennt.

2. *Wie lassen sich das Alltagswissen, das Spezialwissen und die Erfahrungswelt von Felix im Kindergarten erweitern?*

Das Alltagswissen von Felix über die Essenszubereitung kann beispielsweise in Kochprojekten im Kindergarten weiter gefördert werden. Pizza wird gebacken. Welches Mehl wird im Kindergarten verwendet, wie werden die Zutaten abgemes-

sen und gewogen, mit was wird die Pizza belegt? Felix erlebt, dass es andere Zugänge zum Kochen gibt, als er von zu Hause aus kennt. Sein Erfahrungsschatz erweitert sich. Er sammelt neue Eindrücke und Informationen beim Einkaufen. Im Projekt »Supermarkt« kann beispielsweise überlegt werden, was die Kindergruppe den Supermarktleiter fragt. Eine Frage könnte von Felix kommen: Warum müssen die Süßigkeiten genau an der Kasse platziert werden?
Ein Gemüsebeet wird im Kindergarten angelegt. Für Felix bedeutet das, sein Wissen über die Nahrungsmittel zu erweitern: Auswahl der Pflanzen oder Samen, anpflanzen, gießen, Wachstum beobachten, ernten. Felix erlebt, dass man auch eine Pflanze »bemuttern« kann und muss. Die Kindergruppe besucht die Backstube des Bäckers. Felix kennt vielleicht die Bäckerei von vielen Einkäufen mit dem Vater. Er kennt die Brotsorten und die Backwaren. Er kennt auch die Verkäuferin. Weiß er schon, wie früh der Bäcker am Morgen aufstehen muss? Kennt er die großen Teigmaschinen und die riesigen Mehlsäcke? Weiß er, wie man eine Breze formt?
Felix wird im Kindergarten neue Musikinstrumente kennen lernen und ausprobieren dürfen: Geräuschinstrumente, Xylophon, selbstgemachte Instrumente. Am Computer wird er zum ersten Mal erleben, wie viel Spaß es macht, mit anderen Kindern gemeinsam ein Spiel zu spielen.
Die Rollenspielerfahrungen von Felix bekommen neue Dimensionen. Hat er zu Hause mit seiner Freundin Familie gespielt und alleine Mr. Bean nachgespielt, so erweitert sich das Spektrum nun in Richtung Gruppengröße und Inhalte. Eine kleine Kindergruppe spielt eine Geschichte nach, die die Erzieherin initiiert hat. Einige Kinder finden sich im Garten zu einem spontanen Zirkus-Rollenspiel zusammen. Felix erlebt angeleitetes und freies Rollenspiel. Er bekommt Gelegenheit und Unterstützung beim Anfertigen von Kostümen und Masken. Er erfährt zum ersten Mal was es heißt, vor Publikum zu spielen. Felix liebt Spaßmacher. Ein Clown wird in den Kindergarten eingeladen.
Auch seine Tanzbegeisterung wird im Kindergarten aufgefangen. Felix erlebt neue Rhythmen, Musikrichtungen und Bewegungen, er bekommt viel Raum für seine Tanzerfahrungen.
Er lernt bei Gruppengesprächen zu argumentieren.

3. *Bei welchen Aktionen und Projekten im Kindergarten könnte Felix als »Fachmann« fungieren?*

Felix ist »Fachmann« in Sachen Bauernhof. Er kann bei den Vorbereitungen auf einen Bauernhofbesuch den anderen Kindern von seinen Erfahrungen berichten. Felix kennt sich bei Computerlernspielen aus. Er führt eine kleine Kindergruppe in eines seiner Spiele ein. Beim Astronauten-Rollenspiel kann Felix sein Wissen über die Raumfahrt weitergeben. Beim Kochprojekt hilft Felix mit bei der Organisation des Einkaufs.

4. *Welche Wissens-, Erfahrungs- und Bildungsbereiche kann der Kindergarten Felix eröffnen?*
   Felix macht im Kindergarten erste Teamerfahrungen unter Gleichaltrigen. Er erlebt, wie gemeinsam Bildungsprojekte durchgeführt werden können, gemeinsam Themen erarbeitet werden. Feste feiern in der Kindergruppe wird für Felix eine neue Erfahrung sein. Kennt Felix schon Handpuppen und Waldspaziergänge? Im Turnraum lernt er neue Geräte und Bewegungen kennen.

Andere Kinder – andere Bildungseindrücke

Wahrscheinlich haben Sie im Team ähnliche Dinge herausgearbeitet, wie sie hier aufgelistet sind. Es lohnt sich, die Vorerfahrungen von Kindern, die in den Kindergarten kommen, an einem Beispiel etwas genauer aufzuschlüsseln und sich die Bildungsgrundlagen, die Kindern in der Familie vermittelt werden, bewusst zu machen.

Aus der genauen Analyse der Familienbildungsgeschichte von Felix kann man schlussfolgern, wie Bildungsangebote in der Kindertagesstätte speziell auf Felix wirken. Bei anderen Kindern in der Gruppe hinterlassen die selben Bildungsinhalte andere Eindrücke. Um so interessanter ist es für die Erzieherin, von jedem Kind in ihrer Gruppe zumindest ungefähr die Familienbildungsgeschichte zu kennen und zu wissen, auf welchen Erfahrungen sie aufbauen kann. Das Projekt »Einkaufen im Supermarkt« wird beispielsweise auf Kinder mit wenig Einkaufserfahrung eine andere Wirkung haben als auf Kinder wie Felix. Felix kennt die Produkte und Kriterien für deren Auswahl. Er hat das Einkaufen nach Liste erlebt und kann Verführungen widerstehen. Für Sabine, die das Einkaufen nicht in dieser Weise kennt, ist ein Besuch im Supermarkt mit der Kindergruppe ein überwältigendes Erlebnis. Sabine fehlt ein wichtiger Teil vom Alltagswissen. Wie gut lassen sich Kinder gegenseitig als Experten einsetzen. Sabine hat vielleicht Erfahrungen gesammelt im Gärtnern und kann Felix auf diesem Gebiet gute Ratschläge geben.

Einbeziehen der Bildungsvorerfahrungen

Wie soll es möglich sein, werden Sie sich vielleicht fragen, die Familienbildungsgeschichte jedes Neulings zu kennen und auf individuelle Bildungsvorerfahrungen im Kindergartenalltag einzugehen?
In dieser Ausführlichkeit, wie am Beispiel von Felix dargestellt, wird es für die Erzieherin tatsächlich kaum möglich sein Vor-Bildung zu erkunden. Aber sie kann im Aufnahmegespräch einiges über die Bildungsgeschichte des Kindes erfahren.
Der Aufwand ist sicher hoch, aber es lohnt sich. Manchmal argumentieren Erzieherinnen, dass sie es nicht für wünschenswert halten, von den »neuen« Kindern zu viel zu wissen: »Wir möchten den Kindergartenanfängern gegenüber unvoreingenommen sein«. Der Auftrag des Kindergartens besteht aber gerade darin, die Familienerziehung und Familienbildung zu unterstützen, zu ergänzen und zu erweitern. Das ist jedoch nur möglich, wenn Sie als Erzieherin über die Kinder auch hinsichtlich ihrer Bildungsgeschichte informiert sind.

Aufnahmegespräch

Erklären Sie den Eltern, warum Sie es wichtig finden, soviel wie möglich über ihr Kind zu erfahren: Sie wollen am Vorwissen der Kinder anknüpfen und die Bildungsgeschichte mit den Möglichkeiten, die der Kindergartenbildung zur Verfügung stehen, weiterführen. »Sie als Eltern kennen Ihr Kind. Helfen Sie mir, es kennen zu lernen.«

Legen Sie für das erste Gespräch eine Zeitdauer von 20 Minuten fest.
Strukturieren Sie das Gespräch. Benützen Sie einen Gesprächsleitfaden. Geben Sie diesen schon bei der Anmeldung den Eltern mit. So können sich die Eltern auf das Gespräch einstellen und vorbereiten und ihre Beobachtungen festhalten. Notieren Sie die Aussagen der Eltern während des Aufnahmegesprächs auf dem Gesprächsleitfaden.

Anhand des Gesprächsleitfadens wird deutlich, welche Fragen im Dialog mit den Eltern geklärt werden sollten (s. S. 82). Sie beziehen sich auf den Zeitraum vor dem Kindergarteneintritt.

Auswirkungen des Informationsgesprächs

Sie vermitteln den Eltern mit dem Gespräch, dass Sie an ihrem Kind interessiert sind, dass Sie auf ihr Kind eingehen möchten und dass Sie die Familiensituation beachten und respektieren.

Gesprächsleitfaden

Wie sieht ein »normaler Alltag« für Ihr Kind aus?

....

Welche Lieblingsbeschäftigungen hat Ihr Kind?

....

Welche Interessen beobachten Sie bei Ihrem Kind? Wie gehen Sie darauf ein?

....

Welche Fragen stellt Ihr Kind?

....

Auf welchem Gebiet glauben Sie Begabung bei Ihrem Kind zu erkennen?
Wie fördern Sie sie?

....

Was möchten Sie als Eltern Ihrem Kind in den frühen Jahren mitgeben?
Was ist Ihnen wichtig?

....

Was wünschen Sie sich, dass der Kindergarten Ihrem Kind vermittelt?

....

Den Eltern wird bewusst, dass die Familienerfahrungen wichtig sind für die Bildungsarbeit im Kindergarten. Die Eltern erfahren, dass Kindergartenbildung an der Familienbildung anknüpft und sie beobachten ihr Kind aufmerksamer, um Ihnen Informationen übermitteln zu können.

Sicherlich kann man nicht alle Eltern mit diesen Fragen erreichen. Was tun bei ausländischen Familien, die sich die deutsche Sprache erst aneignen, bei gestressten Eltern, die keine Zeit haben, ihr Kind zu beobachten oder bei Eltern, die diese Fragen der (noch) fremden Erzieherin als Einbruch in ihre Privatsphäre empfinden?
Natürlich gibt es noch andere Formen, um Informationen über das neue Kind einzuholen. Informationen, die wichtig sind, um an der Bildungsgeschichte des Kindes anknüpfen zu können. In den USA besuchen manche Erzieherinnen alle neuen Kinder vor Kindergarteneintritt zu Hause. Das ist trotz Sprachbarrieren und Zeitmangel der Eltern möglich. Leider ist bei uns diese Form der Kontaktaufnahme nicht üblich. Aber auch an den Schnuppertagen für die »Neuen« mit ihren Eltern können Sie wichtige Beobachtungen machen und nebenbei einige Fragen aus dem Gesprächsleitfaden stellen. Bei allen Fragen ist es wichtig den Eltern zu vermitteln: »Wir müssen zum Wohl des Kindes zusammenarbeiten!«

Von Felix Eltern wüssten Sie nun nach dem Aufnahmegespräch, dass sie es wichtig finden, das Aufwachsen ihres Sohnes zu dokumentieren. Ihnen als Erzieherin ist es auch ein Anliegen, das Kindergartenleben in allen Fassetten festzuhalten. Sie können sicher sein, dass Felix' Eltern das zu schätzen wissen!

Beobachtungsplan

Wie geht es weiter? Sie haben durch ausführliche Elternbefragung das Kind da abgeholt, wo es steht – sie kennen in groben Zügen die Familienbildungsgeschichte.
Aber Kinder sollen ja im Kindergarten ihr Wissen, Können, ihre Interessen, Fähigkeiten und Kenntnisse erweitern, sie sollen mit neuen Aspekten dieser Welt in Berührung kommen und ihre Bildung vertiefen. Wie kann dieser Prozess begleitet und unterstützt werden? Die Schlüsselwörter heißen Beobachtung und Dokumentation.

Beobachtungspunkte

- Welche Angebote und Spielmöglichkeiten nutzt das Kind im Kindergarten, welche nicht?
- Welche Begabungen und Kenntnisse, welches Können lässt sich erkennen?

- Bei welcher Gelegenheit bringt das Kind sein Wissen ein?
- Was interessiert das Kind im Kindergarten?
- Was für Fragen stellt das Kind?
- Bei welchen Bildungsangeboten und Beschäftigungen ist es mit Begeisterung bei der Sache?
- Wie reagiert das Kind auf neue Bildungsinhalte?
- Wie beteiligt es sich an Projekten?

Die regelmäßigen Aufzeichnungen über jedes Kind in der Gruppe können Sie zur Grundlage Ihrer Bildungsüberlegungen machen. In Gesprächen mit Eltern können Sie vergleichen, was interessiert das Kind im Kindergarten, was zu Hause? Sie erzählen von Ihren Beobachtungen und haben gleichzeitig Gelegenheit zu fragen, ob das Kind zu Hause von Kindergartenereignissen spricht. Erzählt es von dem, was es erlebt, erforscht, gefunden, entdeckt hat? Besprechen Sie mit den Eltern Ihre Bildungsüberlegungen für ihr Kind.

7. Kapitel
Ein Elternabend zum Thema »Bildung im Kindergarten«

Die Unterstützung der Eltern gewinnen

Sie brauchen Eltern, die Ihre Bildungsarbeit im Kindergarten verstehen und schätzen. Eltern, die Ihre Arbeit unterstützen und hinter Ihnen stehen. Wenn Sie sich manchmal über die Vorstellungen von Eltern hinsichtlich der Arbeit in Kindertagesstätten wundern, heißt das für Sie, Aufklärungsarbeit zu leisten. Aber nicht nur dann, *alle* Eltern sollen wissen, wie wichtig Ihnen die Bildung ist, was Sie unter Bildung im Kindergarten verstehen und warum Sie tun was Sie tun.

Wie können Erzieherinnen Eltern vermitteln, was Bildung im Kindergarten bedeutet, wo Bildung im Kindergartenalltag genau stattfindet, was ihr Kind aus der Kindergartenzeit für das Leben mitnimmt? Bildung ist ein Thema, das Eltern interessiert. Dieses Interesse kann verstärkt werden durch:

- Elternabende
- Gespräche
- Diskussionsrunden
- Vorträge
- Elternbesuche im Kindergarten
- Ausstellungen
- Filme
- Diaabende
- eigene Kindergartenzeitungen
- Elternbriefe

Eltern sollten auf alle erdenkliche Art und Weise über den Kindergartenalltag, über geplante und durchgeführte Projekte, über die Reaktionen und Äußerungen der Kinder informiert werden. Machen Sie Ihre Arbeit transparent. Tragen Sie dazu bei, dass Kindertagesstätten von den Eltern und der Öffentlichkeit vermehrt als Bildungseinrichtungen wahrgenommen werden!

Alle Eltern wollen, dass sich ihre Kinder im Leben behaupten können und erfolgreich sind. Und Bildung ist so etwas wie ein Universalschlüssel, der Kindern viele Türen öffnet. Wer gebildet ist, hat mehr Chancen, ein selbstbestimmtes Leben zu führen. Bildung ist ein Motor für die Persönlichkeitsentwicklung und trägt zum Selbstbewusstsein bei.

Im Folgenden finden Sie einige Anregungen, die Ihnen die Vorbereitung und Durchführung eines Eltern-Gesprächsabends zum Thema »Bildung im Kindergarten« erleichtern können. Dazu gehören Argumente für eine zeitgemäße vorschulische Bildung, mit denen Sie Eltern für Ihren Ansatz gewinnen können und Beispiele für Bildung im Alltag und in Projekten, die Eltern überzeugen. Ein Informationsabend über Bildung im Kindergarten sollte zu Beginn eines neuen Kindergartenjahres stattfinden.

Den Zukunftssorgen der Eltern begegnen

Eröffnen Sie den Gesprächsabend, indem Sie die Eltern spüren lassen, dass Sie Verständnis für Ihre Anliegen und Sorgen haben:

Kinder sind Zukunft

„Sie machen sich als Eltern Gedanken über die Zukunft Ihres Kindes. Sie wollen das Beste für Ihr Kind: Sie möchten ihm eine optimale Startposition sichern. Sie hoffen, dass Ihr Kind eine gute Schülerin oder ein guter Schüler wird, weil die Schule Lebenschancen verteilt. Wer erfolgreich durch unser Schulsystem kommt, dem stehen zumindest viele Berufsausbildungen offen. Sie wünschen Ihrem Kind ein glückliches Leben. Es soll in seiner Kindheit die Möglichkeit bekommen, seine Potenziale zu entfalten und auszuschöpfen. Sie fördern seine Begabungen und unterstützen es in seiner Entwicklung. Sie als Eltern haben viele Möglichkeiten Ihr Kind als individuelle Person wahrzunehmen und speziell auf Ihr Kind einzugehen."

Kinder sind weltoffen

„Kinder müssen weltoffen sein, weil sie nicht wissen können, in welche Welt sie hineingeboren werden. Kinder in der Antike, im Mittelalter und heute haben das gleiche genetische Ausgangsmaterial. Ihr Kind konnte sich den Ort, den Kulturraum, die Zeit und Sie als Eltern nicht aussuchen. Es muss mit dem zurechtkommen, was es vorfindet und es kommt damit zurecht, weil es weltoffen ist. Diese Weltoffenheit befähigt es, eine Vielzahl von Daten aufzunehmen, zu speichern und in einen bedeutsamen Zusammenhang zu bringen.
Jedes gesunde Kleinkind ist mit immenser Neugierde, spontanem Lernwillen, großem Interesse an Menschen und Umwelt und einem enormen Wissensdrang ausgestattet. Unsere Kinder kommen heute in eine komplizierte Welt. Sie müssen sich den Anforderungen einer Wissens- und Bildungsgesellschaft stellen. Auch wenn nicht abzusehen ist, wie sich diese Anforderungen auf jedes einzelne Kind später auswirken werden, so sind wir es den Kindern um ihrer selbst Willen schuldig, ihre Weltoffenheit zu pflegen und auszubauen."

Markus fragt Löcher in den Bauch

Geben Sie den Eltern anhand von Beispielen die Möglichkeit, sich selbst in den Worten anderer Eltern wiederzufinden: Markus ist für seine Eltern eine Herausforderung. Die Mutter des Sechsjährigen erzählt, wie sie ihren Sohn in den Jahren vor der Schule erlebt.

Immense Neugier und enormer Wissensdrang

»Er fragt alles. Warum der Mond rund ist, warum die Banane krumm ist und was Technik betrifft. Wenn er etwas nicht versteht, fragt er. Ob es jetzt ein Fremdwort ist, das muss ich übersetzen, wenn er etwas Englisches hört, er fragt einfach alles, warum, wieso. Ihn interessiert alles. Das ist eigentlich ein Phänomen. Er quetscht mich so aus, dass ich manchmal gar nicht weiß, wie ich es beantworten soll. Ich bin dann auch bei der Hausarbeit (stöhnt), dann labert er einen von der Seite her an, also die ganze Zeit. Mein Mann sagt auch, egal was man macht: ‚Papa, Papa; Mama, Mama', die ganze Zeit, dass es wirklich manchmal nervt. Und vor allem mit einer Sturheit, das muss beantwortet sein, da lässt er nicht locker, man kann ihn schlecht abwimmeln. Man kann nicht sagen: ‚Ach, Markus jetzt ...' Er fordert die Antwort, eine befriedigende Antwort. Das merkt er sofort, wenn ich Larifari-Antworten gebe. Dann fragt er nochmals nach.«

Großes Interesse an Menschen und Umwelt

»Verkleiden tut er sich gern. Und das muss auch gar nicht etwas Gekauftes, Fertiges sein, da improvisiert er oder der Papa muss mal ran und einen Hut basteln, aus Pappdeckeln oder Karton. Dann als Ritter verkleidet er sich gerne, als Zauberer, macht Tricks. Die denkt er sich aus und zaubert und ist dann ganz fasziniert, wenn ich erstaunt bin: ‚Boh'. Also Tricks ja, er will auch einen Zauberkasten, wo es die Tricks alle gibt. Dann sag ich: ‚Da musst du erst lesen können, du musst ja die Tricks erst mal kennen, bevor du zaubern kannst.' Darum will er jetzt auch lesen lernen.
Dann Flieger bauen aus Papier, meistens aus Papier, alle möglichen Variationen. Die lässt er durch die Wohnung

sausen. Schiffe baut er, die lässt er dann im Bach drüben schwimmen. Aus Holz, aus Stoff das Segel. Dann Rollenspiele macht er gern. ‚Du sollst jetzt der sein und ich bin jetzt der', so typisch. Dann malen, basteln und mit unserem Kater spielt er, ganz liebevoll und ausgiebig. Und improvisierte Spiele, was er sich halt alles ausdenkt, das ist ihm lieber als die vorgefertigten Sachen.
Er hat eine Fantasie und die versucht er umzusetzten. Auf Biegen und Brechen geht das dann irgendwie. Und was nicht geht, wird mit Klebestreifen festgeklebt. Er braucht rollenweise Klebestreifen, alles was nicht hält, ob drinnen oder draußen, wird mit Klebestreifen befestigt.«

Interesse an fleischfressenden Pflanzen

»Markus interessieren fleischfressende Pflanzen: ‚Weil der ältere Freund ja auch eine hat'. Er hat uns so lange bearbeitet, bis du sie ihm gerne kaufst, wirklich. Da hat er eine Energie, wenn er was will. Das hat ihn total fasziniert, dass die wirklich zugeht und ein Insekt fängt und dann aussaugt. Er hat die Pflanze mit einer Traube gefüttert, weil ‚die ist ja innen auch saftig'. Die Pflanze wird gegossen, er kümmert sich um sie. Ich habe mir gedacht: ‚Mein Gott, das muss ich jetzt alles machen'. Aber jeden Tag ist er bei seiner Pflanze.«

Aufmerksamer Beobachter

»Wir haben einen Kübel im Garten, da hat es hinein geregnet. Das Wasser ist dann eine Weile gestanden. Es ist dann mit der Zeit so grün geworden. Dann hat er gemerkt: ‚Oh, das verändert sich ja, das wird ja grün.' Und plötzlich waren da Lebewesen drin. Er hat mir verboten, diesen Kübel auszuleeren: ‚Lass den ja stehen'. Da schaut er hinein und ist voller Stolz, wenn da was drin ist, was Grünes und so Algen.«

Alles wird analysiert

»Alles wird analysiert. Sein Fahrrad wird auf den Kopf gestellt und die Räder und Pedalen untersucht. Er schaut, wie das funktioniert. Das hat man ihm nie vorgemacht. Er kommt auf Sachen, da schüttle ich oft den Kopf und sage: ‚Das gibt es ja nicht'.«

Markus konstruiert Maschinen

»Er sieht was und dann kann er eine halbe Stunde lang das aufbauschen und darüber erzählen. Was er da interpretiert, was er da sieht, wie das funktioniert. Oder er konstruiert ja auch selber Maschinen. In der Badewanne aus dem Zahnbecher und dann schiebt er ein Plastikrohr, also diesen Stöpsel von der Dusche, hinein und dann hat er oben einen Güllewagen aus Plastik. Dann tut er da Wasser hinein und unten das Wasser raus. Dann erklärt er mir eine halbe Stunde, was das für eine Maschine ist, was die alles kann. Oder mit Wasserdampf. Destilliertes Wasser, das weiß er schon von der fleischfressenden Pflanze her, dass es das gibt. Dann baut er sich irgendetwas zusammen, aus Bechern, aus allem was er findet. Mit Klebestreifen wird das irgendwie zusammen gemacht und dann erklärt er mir er hat jetzt eine Wasserdampfmaschine und macht destilliertes Wasser. Und das wird dann heiß unten, dann steigt der Dampf nach oben und durch das Rohr kühlt das dann ab. Dann tropft das da wieder raus.«

Markus ist, wie alle gesunden Kinder in seinem Alter, ein Nonstop-Lerner. Er kann nicht anders, als sich aktiv die Welt anzueignen und ihre Geheimnisse zu entdecken. Er ist weltoffen für alle Eindrücke.

Lassen Sie die Eltern erzählen, welche Beobachtungen sie bei ihren Kindern machen, die von großer Wissbegierde und unstillbarem Entdeckerdrang zeugen. Erzählen Sie den Eltern der neuen Kinder Episoden aus dem Kindergartenalltag (die Sie schon längere Zeit vorher gesammelt haben), von neugierigen Kindern und ihren Fragen, von Experimenten und Forschungsprojekten der Kinder, davon wie Kinder im Spiel neues Wissen und Eindrücke verarbeiten.

Der Verunsicherung der Eltern begegnen

Warum sind die Eltern verunsichert? Weil zwei Vorstellungen über die Bildbarkeit von Kleinkindern miteinander konkurrieren: Vertreter der einen Vorstellung glauben, die inneren Kräfte von Kleinkindern müsse man im geeigneten Umfeld reifen lassen. Die anderen meinen, Kleinkinder seien »unbeschriebene Blätter« und bräuchten deshalb für ihre Entwicklung viele Anregungen. Fragen Sie die Eltern, ob sie mit den beiden Vorstellungen etwas anfangen können und welcher sie eher zustimmen würden!
Sprechen Sie verunsicherten Eltern aus der Seele. Sollen Eltern das Kleinkind fördern

oder reifen lassen? »Sicher haben Sie sich als Eltern schon oft Gedanken darüber gemacht, wie Sie Ihr Kind am besten auf die ungewissen Anforderungen in der Zukunft vorbereiten können: Wie viel sie es fördern sollen, in welchen Bereichen oder ob es am sinnvollsten ist, es einfach spielen zu lassen was es will. Andere Eltern teilen Ihre Gedanken und Sorgen.«

Geben Sie Fallbeispiele wie die folgenden für die Eltern wieder und lassen Sie die Eltern diskutieren, welches Beispiel eher den eigenen Erwartungen zur Bildung von Kindergartenkindern entspricht.

- Der Vater von Thomas z.B. erzählt wie er seinen zweijährigen Sohn fördert: »Ich führe mit meinem Sohn täglich ein Programm durch, das sich auf vier bis sechs Sitzungen verteilt, von denen jede maximal drei bis vier Minuten dauert. Wenn ich zur Sitzung rufe, kommt er freudig zu seinem »Lernstuhl« gesprungen. Er bekommt dann folgende Dinge gezeigt: Worte auf große Pappstreifen geschrieben wie z.B. Ball, Haus, Tisch, ..., Punkte von eins bis hundert auf große Pappquadrate geklebt und große Bilder von Dingen seiner Umgebung.« Dazu spricht der Vater und erklärt dem Sohn die Dinge.
- Die Mutter der sechsjährigen Eva erzählt, dass sie ihre Tochter bisher in keine Kurse schickte: »Sie verlangt auch nach nichts. Dass sie sagt: ‚Ich möchte gern, die macht das ...' Eva hat genügend Kontakte. Oft sind Kinder ja so isoliert. Hier bei uns ist ja alles da. Sie verlangt nichts und es geht ihr auch nichts ab. Aber manchmal habe ich schon ein schlechtes Gewissen: ‚Herrschaft, andere Kinder machen dies und das und meine macht gar nichts. Mach jetzt ich was falsch oder machen die das falsch? Enthalte ich meinem Kind etwas vor? Wäre es vielleicht besser, wenn sie auch irgendwo speziell gefördert würde?'«
- Ein Vater erklärt auf die Frage, ob er seinen sechsjährigen Sohn fördern soll: »Ich fördere bei meinem Sohn gar nichts. Weder eine Sportart noch den Wunsch, dass er einmal die Firma übernimmt. Da vermeide ich jede Vorstellung, auch um nicht enttäuscht zu werden. Ich vertraue darauf, dass er schon alles richtig machen wird.«
- Ein anderer Vater argumentiert: »Talente fördern, das ist etwas anders, das kann man schon. Meine Eltern haben da bestimmt zu wenig getan, die waren zu liberal.«
- Der Vater der fünfjährigen Erika meint in einer Elterngesprächsrunde: »Ich hätte es auch gern, wenn mein Kind gewisse Sachen lernt. Ich selbst habe da als Kind Einiges nicht mitbekommen. Deswegen: Angebot, ja! Aber wenn das

Was jeder wissen sollte: Heute ist es nicht mehr selbstverständlich, dass Kinder ein breites Alltagswissen mitbringen. Im Kindergarten gibt es die Chance, das Wissen des alltäglichen Lebens zu erweitern und durch Zuschauen, Mitmachen oder durch nachvollziehendes Spiel zu verinnerlichen.

Kind nun mal nicht will, dann eben nicht. Mein Kind ist nicht dazu da, meine Träume zu verwirklichen, auf keinen Fall.«

Was erwarten die Eltern vom Kindergarten?

Fragen Sie die Eltern, welche Bildungserwartungen *sie* an den Kindergarten haben! Wollen sie, dass im Kindergarten viel gebastelt wird und Feste gefeiert werden?
Soll der Kindergarten mit speziellen Lernprogrammen ihr Kind fit machen für die Schule?
Ist ihnen wichtig, dass ihr Kind mit anderen Kindern zusammenkommt und mit Gleichaltrigen umzugehen lernt?
Oder soll sich ihr Kind im Kindergarten in einer familienähnlichen Atmosphäre ein-

fach nur wohlfühlen, ohne dass viel am Kind „herumgebildet“ wird?

Bildung aus Sicht der Kindertageseinrichtung

Erklären Sie den Eltern, was Sie als Erzieherin unter »Bildung im Kindergarten« verstehen. Folgende Stichworte sollen Ihnen helfen, das Wesentliche zu nennen.

- Bildung im Kindergarten ist mehr als nur die Kinder gewähren lassen (und auf ihre Selbstbildungskräfte vertrauen) oder Schulvorbereitungsmaßnahmen!
- Im Kindergarten werden keine Noten vergeben, nach 45 Minuten klingelt kein Pausenzeichen. Lernen kann in einer Atmosphäre weitgehend frei von äußerem Leistungs- und Zeitdruck stattfinden.
- Die Kindertageseinrichtung hat die Aufgabe, den wissbegierigen Kleinkindern im Kindergarten-Alltag gerecht zu werden.
- Bildung im Kindergarten nutzt die Weltoffenheit der Kinder pflegt die angeborenen Lerngrundhaltungen.
- Der Kindergarten bietet zeitgemäße, zukunftsweisende und anspruchsvolle Bildungsinhalte für Kinder.
- Kinder erleben Lerngemeinschaft, ihr Teamgeist wird gefördert.
- Informationsbeschaffung wird erlebt als Gemeinschaftsleistung, gemeinsame Erkenntnisprozesse und Wissensaufbereitung wird angebahnt.
- Bildungsgelegenheiten, die der Kindergartenalltag spontan hervorbringt, werden von Erzieherinnen bewusst wahrgenommen, unterstützt und vor äußeren Störungen geschützt.

Handreichungen, die Eltern über die Möglichkeiten von Bildung in Kindertagesstätten informieren

Lerngrundhaltungen

Erzieherinnen pflegen und bauen Lerngrundhaltungen auf. Sie nützen die natürlichen kindlichen Ressourcen und geben dem Entdeckergeist Nahrung. Beispiele für Lerngrundhaltungen, die gesunde Kleinkinder von sich aus mitbringen:

- Kleinkinder sind neugierig. Markus will alles wissen, fragt seine Eltern bei jeder Gelegenheit nach dem Warum und Wieso. Wer sein Leben lang neugierig bleibt, ist Neuem gegenüber immer aufgeschlossen. Neugierde wird als wertvolle Eigenschaft gesehen um Informationen aufzunehmen, Wissen zu sammeln und Bildung Grund zu legen.

- Kinder wundern sich, sind von Dingen und Erscheinungen fasziniert. Markus wundert sich, warum das Regenwasser im Kübel nach einer Weile grün wird. Wundern heißt, etwas ist nicht so wie erwartet. Selbstverständliches wird hinterfragt. Neues wird mit Faszination und Staunen betrachtet. Das sind Grundhaltungen, die das Leben bereichern. Sie dürfen uns nie abhanden kommen!

- Kinder können sich tief versunken einer Sache hingeben. Mit großer Ausdauer konstruiert Markus Maschinen und befestigt sie mit Klebestreifen. Die Welt rundherum verschwindet, nur das »Eine« wird gesehen. Kinder tauchen im Spiel in eine andere Wirklichkeit ein. Oder saugen mit der ganzen Person einzelne Teile und Aspekte dieser Welt auf, indem sie gebannt eine Sache beobachten. Eine Grundhaltung, die wir im Leben immer wieder brauchen und besonders im Kindergartenalltag bewusst pflegen.

- Kinder wollen die Welt verstehen. Sie erklären sich die Dinge und Phänomene mit den ihnen zur Verfügung stehenden Wissensbeständen und Beobachtungen, die sie machen. Sie ziehen ihre Schlüsse. Sie konstruieren Sinn. Wir im Kindergarten unterstützen die wissenschaftliche Erkenntnisgewinnung. Was habt ihr beobachtet? Was glaubt ihr, warum ist das so? Überprüfen wir die Vermutungen. Suchen wir nach Erklärungen. Warum wurde das Regenwasser bei Markus grün? Wiederholen wir das Experiment. Stellen wir im Kindergarten doch auch Kübel auf und schauen was mit dem Regenwasser passiert. In Gesprächen beziehen wir andere Kinder mit ein, wie erklären sie sich dieses Phänomen? Wissensbestände der einzelnen Kinder werden miteinander verglichen. Welche Erklärung erscheint plausibel? Wo könnten wir uns Informationen holen?

- Kinder eignen sich ihr Wissen über diese Welt auch analysierend und experimentierend an. Markus stellt sein Fahrrad mit den Rädern nach oben hin und untersucht wie die Pedalen funktionieren. Er experimentiert mit der fleischfressenden Pflanze: Mag sie auch saftige Trauben? Der Kindergarten stellt den Kindern vielfältiges Material zur Verfügung, damit sie die Welt entdecken und diese Grundhaltung einüben können.

- Kleinkinder haben eine »blühende Fantasie«. Diese erlaubt ihnen, Eindrücke auf ihre Art zu verarbeiten. Markus' Mutter wundert sich über die Fantasie ihres Sohnes. Sie erzählt, dass er etwas sieht und dann eine halbe Stunde darüber sprechen kann. So werden neue Informationen mit alten Wissensbeständen verknüpft. Ein Motor für Weiterentwicklung! Sich in der Fantasie neue Dinge vorstellen, Lebensentwürfe vorweg ausprobieren, Luftschlösser bauen, Wundermaschinen konstruieren. So wird jeder von uns zum Erfinder. Im Kindergarten bietet sich dazu reichlich Gelegenheiten.

Erzieherinnen arbeiten intensiv mit diesen Lerngrundhaltungen, diesen natürlichen Ressourcen, weil sie in jedem Kind ein breites Fundament für ein lebenslanges Lernen bauen wollen. Mit diesen lernanschlussfähigen Kompetenzen und Schlüsselqualifikationen sind die Kinder für ihren weiteren Bildungsweg gut gerüstet.

Zeitgemäße Bildungsinhalte

Alles was die Kinder emotional berührt, sie gedanklich beschäftigt, was sie wissen und lernen wollen, ist für die Kindertagesstätte als Bildungsinhalt geeignet, aber auch all das, was die den Kindern nahestehenden Erwachsenen ihnen vermitteln wollen, weil sie es für sich selbst als wichtig erfahren haben. Sie können ihr Wissen und Können mit Begeisterung an die Kinder weitergeben und sie »anstecken«. Beispiele:

- Sachthemen knüpfen im Kindergarten an den Interessen der Kinder, Erzieherinnen und Eltern an. Da kann ein Handwerker in seinem Tun beobachtet werden und die Kinder beschäftigen sich anschließend intensiv mit diesem Thema. Naturwissenschaftliche Entdeckungen sind Auslöser für Experimente und den Besuch eines Wissenschaftlers in der Gruppe. Ein Vater ist Friseur und bringt den Kindern die Themen Haare, Frisur, Pflege und Mode näher. Eine Mutter ist Ärztin und bereit, mit den Kindern Kranksein, Medikamente, Gesundsein zu besprechen. Bevor Fachleute besucht oder in die

Gruppe eingeladen werden, wird gemeinsam besprochen, welche Erfahrungen jedes Kind zu diesem Thema schon gemacht hat, was es darüber weiß, welche Fragen gestellt werden. Die Vorbereitung und Durchführung der Erarbeitung von Sachthemen werden dokumentiert (Film, Fotos, Zeichnungen, Tonbandaufnahmen, Werkstücke ...), um den Kindern die Möglichkeit zu geben, darüber im Nachhinein zu sprechen und nicht daran beteiligten Kindern, Eltern und Kolleginnen Einblick zu gewähren.

- Früher verboten Erzieherinnen den Kindern, miteinander zu streiten, sie sagten den Kindern, was sie nicht tun sollen. Heute sehen Erzieherinnen Meinungsverschiedenheiten unter Kindern als Chance, das Miteinander zu üben. Bildungsinhalt ist beispielsweise, die Position des Anderen zu verstehen, die eigenen Interessen und Ansprüche deutlich zu erkennen zu geben und einen Kompromiss auszuhandeln, Möglichkeiten aufzuzeigen, wie Interessensüberschneidungen konstruktiv gelöst werden können. Dafür bietet der Kindergartenalltag reichlich Gelegenheit. Empathie, sich in den Anderen einfühlen können, wird von Erzieherinnen täglich als wichtiger Bildungsinhalt gesehen. Warum ist mein Freund heute traurig/fröhlich? Warum braucht Sabine ihren Teddybär, wenn die Mama weggeht? Gefühle erahnen, vermitteln, erklären. Verständnis für die Befindlichkeit des Anderen wecken und eigene Erfahrungen aktivieren, um sich besser einfühlen zu können.

Die Kindergruppe als Lerngemeinschaft

Im Kindergarten kann jedes Kind gemeinsam mit anderen Kindern ein Stück Welt erobern:

- als Forscherteam in Sachgebiete eintauchen,
- als Gleichberechtigter unter Gleichberechtigten erste Demokratieerfahrungen machen,
- mit speziellen Kenntnissen, Erfahrungen, Erlebnissen, Begabungen und Fähigkeiten sich gegenseitig im Gruppengeschehen bereichern.

Eine Projektgruppe verfolgt beispielsweise über einen längeren Zeitraum hinweg ein Thema in seinen tiefen Bezügen. Was heißt das? Die Kinder sehen einen Reisebus. Ein Kind zählt die Sitzreihen ab. Es sind zehn. Gibt es in jedem Bus zehn Sitzreihen? Was meinen die anderen Kinder? Wir fragen den Busfahrer. Wir schauen in Büchern nach. Das Busthema hat einige Kinder gefesselt. Aus welchen Teilen besteht so ein Bus (Motor, Bremsen, Lenkrad, Lichter, Spiegel, Türen ...)? Ein Onkel eines Kindes ist Busfahrer. Er kommt mit einem Bus in den Kindergarten. Wir stellen Fragen, besichtigen den Bus, fahren ein Stück. Das Thema wird erweitert: Wohin fahren Reisebusse? Warum fahren Menschen mit dem Bus? Welche Verkehrszeichen gibt es speziell für Busse? Welche Strecken fahren Linienbusse?
Neben dem Eintauchen in das Sachthema Bus sehen Erzieherinnen die Gruppe als Lerngemeinschaft: Gemeinsam werden Fakten gesammelt, überprüft, wir lassen einander aussprechen, jede Idee wird festgehalten, Bus-Erfahrungen einzelner Kinder werden aufgenommen, Beobachtungen zusammengetragen, die nächsten Erkundungsschritte werden im Team besprochen, im Rollenspiel werden die Eindrücke verarbeitet, die Präsentation des Gelernten wird gemeinsam überlegt.

Bildung im Kindergartenalltag

Neben Bildungs-Projekten, Exkursionen, Besuchen, Ausflügen verlieren Erzieherinnen nicht den Blick dafür, was der Kindergartenalltag an Bildungsmöglichkeiten bietet. Das betrifft besonders die Bildung, die beispielsweise eher »nebenbei« passiert:

- Einige Kinder spielen im Sand. Ein Kind: »Ich brauche was zum Kuchen machen.« Erzieherinnen ergreifen die Möglichkeit der Begriffsbildung und versuchen herauszufinden, was ein Kind (und die Kinder die mithören und dann auch mitreden werden) über ein Thema weiß. »Du willst einen Kuchen backen? Was brauchst du zuerst?« »Etwas zum Teig hinein tun«, »Wie wäre es mit der blauen Schüssel mit der gelben Blume, die neben dem roten Sieb da drüben liegt?«
- Bildung besteht zuweilen auch gerade darin, nur zu beobachten und eine Situation zu schützen:

Drei Vierjährige sind auf dem Klettergerüst. Sie haben ein Seil um einen Eimer (gefüllt mit Sand) und eine Stange gebunden und versuchen nun, den Eimer gemeinsam hochzuziehen.
Erzieherinnen beobachten: Die Kinder haben herausgefunden, wie sie das Seil um den Eimer und die Kletterstange binden müssen, damit sie ihn hochziehen können. Wie viel Kooperation doch die Kinder zeigen, damit kein Sand verschüttet wird! Diese spontane Lerngemeinschaft schützen Erzieherinnen vor Unterbrechungen von außen.

Am besten wäre es natürlich, Sie könnten die für die Eltern plastisch ausgewählten Beispiele noch durch eigene ergänzen.

Bündnis für Bildung

Zum guten Schluss können Sie den Eltern auch die eigene Rolle als Bildungsexperten für ihr Kind nahe bringen. Führen Sie aus dem Interview mit Felix' Vater (s. Kap. 6, S. 67) Beispiele an, etwa aus dem Bereich Alltagswissen: Einkaufen, Kochen, Nahrungsmittel und Bauernhof. Appellieren Sie an die Bereitschaft der Eltern zur aktiven Bildungsmitarbeit im Kindergarten.
»Welche Rolle spielen Sie als Eltern für die Bildung Ihres Kindes? Sie sind die ersten und wichtigsten Wissensvermittler für Ihr Kind! Sie schaffen die Grundlagen, indem Sie die primären Bedürfnisse nach Geborgenheit und Halt Ihres Kindes stillen.
Ihre Kinder bringen Alltags- und Spezialwissen aus der Familie mit, das ist unsere Ausgangsbasis für die Bildung im Kindergarten.
Schließen wir einen Lernpakt für unsere Kinder: Eltern und Erzieherinnen schaffen ein optimales Lernumfeld (und kämpfen gemeinsam für gute Rahmenbedingungen)!
Beobachten wir die Interessen unserer Kinder. Lenken wir gemeinsam die Interessen auf Dinge, die den Kindern helfen, die Welt zu verstehen.
Eltern-Know-how ist im Kindergarten gefragt. Wir freuen uns, wenn Sie uns als Fachfrau, Experte, Meister zur Verfügung stehen.
Kinder lernen vom Vorbild: Lassen Sie Ihre Kinder spüren, dass Sie selbst Lebenslang-Lernende sind. Nehmen Sie die einzigartige Gelegenheit wahr, gemeinsam mit Ihrem Kind und für sich selbst nochmals neu die Welt zu erobern, erkunden, entdecken und zu erfinden!«

Dank

Durch die Mitarbeit an dem von Frau Dr. Donata Elschenbroich angeregten, durchgeführten und koordinierten Projekt »Welt-Wissen der Siebenjährigen« (Deutsches Jugendinstitut München 1997–1999) erhielt ich für dieses Buch wichtige Impulse. Mein besonderer Dank geht deshalb an Frau Dr. Elschenbroich und ihre vielfältigen (Bildungs-) Anregungen.

Im Verlauf dieses Projekts wurden Interviews durchgeführt. Anregungen aus diesen Gesprächen nahm ich in den Text des Buches auf. Die hier verwendeten Interviews scheinen im Interviewverzeichnis auf. Allen Interviewpartnern sei hier für ihre Bereitschaft, in einem Gespräch gemeinsam über das Aufwachsen von heutigen Kindern nachzudenken, gedankt.

Auf den von Frau Dr. Elschenbroich organisierten Workshops, die dieses Projekt begleiteten, wurden viele Bildungs-Ideen diskutiert. Mein Dank geht auch an die Teilnehmer der Arbeitstagungen: Gabriele König, Peter Loewy, Inge Pape, Otto Schweitzer, Silvia Hüsler, Elke Kater, Harald Seehausen, Anke Steenken, Barbara Tennstedt, Thomas Kehlert, Hannelore Ohle-Nieschmidt.

Teilnehmer der Arbeitstagungen und Studenten der Universität Freiburg, Innsbruck und Frankfurt beteiligten sich als Interviewer an der Recherche.

Bei meinen Fortbildungsveranstaltungen in den letzten zwei Jahren mit Erzieherinnen, Erziehern, Eltern, Kinderpflegerinnen, Fachberaterinnen und Leiterinnen konnte ich meine neuerworbenen Erkenntnisse aus den Interviews, den Workshops und aus Fachpublikationen an den Fragen und Anforderungen der Kindergartenpraxis messen. Dank auch an alle diese Personen für ihre engagierte Mitarbeit in den Seminaren.

Meiner Familie ein Dankeschön für die stets 100%ige Unterstützung!

Frau Roswitha Nagele für die Bereitstellung von Fotos aus ihrem Kindergarten vielen Dank.

Interview-Verzeichnis

Einige Interviews, die im Rahmen des Projekts »Welt-Wissen der Siebenjährigen« in den Jahren 1997 und 1998 in Deutschland, Österreich und in der Schweiz geführt wurden, sind hier aufgelistet.

Ideen und Gedanken, die sich während dieser Gespräche gemeinsam entwickelten, habe ich auf vielfältige Art und Weise in dem Buch verarbeitet

Burtscher Irmgard: Gruppen-Interview mit drei Kindergartenpädagoginnen (Ausbildnerinnen und Kindergartenleiterin)

Burtscher Irmgard: Interview mit Sue Dinwiddie, kalifonische Kleinkindpädagogin, Fortbildnerin

Burtscher Irmgard: Interview mit Vater im Erziehungsurlaub

Burtscher Irmgard: Interview mit Elke Schubert, spielzeugfreier Kindergarten

Burtscher Irmgard: Interview mit Mutter einer Siebenjährigen

Burtscher Irmgard: Interview mit Mutter eines Siebenjährigen

Burtscher Irmgard: Interview mit Leiterin eines Integrationskindergartens

Burtscher Irmgard: Interview mit Andreas Rodoschegg, Volkssternwarte

Elschenbroich Donata: Interview mit Prof. Dr. Wolfgang Einsiedler, Grundschuldidaktiker

Elschenbroich Donata: Interview mit Prof. Dr. h. c. Arthur Fischer, fischer-technik

Elschenbroich Donata: Interview mit Prof. Dr. Hans Günther Bastian, Institut für Begabtenforschung

Elschenbroich Donata: Interview mit Regina Braun, pensionierte Kindergartenleiterin

Elschenbroich Donata, Schweitzer Otto: Interview Dr. Ulrich Kramer, Profikids

Elchenbroich Donata: Interview mit Prof. Dr. Rolf Oerter, Entwicklungspsychologe

Elschenbroich Donata: Interview mit Dr. Irmgard Sedlacek, Kunstpädagogin

Elschenbroich Donata: Interview mit Prof. Dr. Johannes Siegrist, Institut für med. Soziologie

Elschenbroich Donata: Interview mit Prof. em. Dr. Franz Weinert, Max Planck Institut für psychologische Forschung

Elschenbroich Donata: Interview mit Müttern im Erholungsurlaub

Hüsler Silvia: Interview mit Kinderradio Redaktionsgruppe

Kater Elke: Interview mit Beate Hugenschmidt und Holger Henning, Beratung und Therapie für Scheidungskinder

Kehlert Thomas, Tennstedt Barbara: Interview mit Eltern von zwei Kleinkindern

Schweitzer Otto: Interview mit Dr. Gabriele König, Kinderakademie

Schweitzer Otto: Interview mit Müttern von kürzlich eingeschulten Kindern

Schweitzer Otto: Interview mit Vätern von kürzlich eingeschulten Kindern

Steenken Anke: Interview mit Eltern von Kindergartenkindern

Workshop Welt-Wissen: Gespräch mit Johns Irene, Leiterin Kinderschutzzentrum

Workshop Welt-Wissen: Gespräch mit Dr. Gisela Lück, Chemie im Vorschulalter

Weiterführende Literatur und Filmbeispiele

Albert, Christine: Lernwerkstatt Kindergarten. Luchterhand, Neuwied 2000

Appelt Brigitte: Um den Wald ist kein Zaun. Erfahrungen aus dem integrierten Waldkindergarten. Unsere Kinder 2/99

Bastian Hans Günther: Musik macht klug. Die Zeit 6. 4. 2000

Blum Wolfgang: Auftritt der Gummibären. Die Zeit 19. 11. 1998

Burtscher M. Irmgard: Englische Lieder und Spiele. Für Kinder von 4–11 Jahren. Veritas, Linz 1999

Cole M., Cole S.: The Development of Children. W.H. Freeman and Company. New York 1996

Comenius Amos Johann: Orbis sensualium pictus. Harenberg Edition 1991

Curtis Deb, Carter Margie: Reflecting Children's Lives. Redleaf Press 1996

Department of Education: Key Stages 1 and 2 of the National Curriculum. London 1995

Dinwiddie Sue: I want it my way. Problem-Solving Techniques with Children Two to Eight. Better World Press 1997

Dittrich Gisela, Schneider Kornelia: Erfahrungslernen in Konflikten, in: siehe Mayr, Toni

Edwards C., Gandini L., Forman G.: The hundred Languages of Children. The Reggio Emilia Approach to Early Childhood Education. Ablex Publishing Corporation Norwood, New Jersey 1996

Elschenbroich Donata: Forscher, Künstler und Erfinder. Ein Vorschlag zum Welt-Wissen von Siebenjährigen. Welt des Kindes 3/99

Elschenbroich Donata: Wissen, wie eine grüne Tomate schmeckt. Erziehung und Bildung 2/99

Elschenbroich Donata: Rechtzeitig das Verlernen lernen. Die Milchstraße am Horizont des Kindergartens: Neue Ausbildungsformen und Bildungsinhalte in der Frühpädagogik. Frankfurter Allgemeine Zeitung 25. 11. 1998

Elschenbroich Donata: Wissensfreie Kindheit. Bildungspolitik macht einen Bogen um die frühen Jahre. Frankfurter Allgemeine Zeitung 26. 11. 1997

Elschenbroich Donata, Schweitzer Otto: Die Farbe des Echos. Kulturen musikalischer Erziehung. DJI Filmproduktion 2000

Elschenbroich Donata, Schweitzer Otto: Das Rad erfinden. Kinder auf dem Weg in die Wissensgesellschaft. Deutsches Jugendinstitut 1999

Esser Barbara: Was Hänschen lernt. Focus 10/2000

Feibel Thomas: Kinder Software-Ratgeber. Lernen, Wissen, Spiel und Spaß! Heyne, Mün-
chen 1998

Gardner, Howard: The unschooled mind. How children think and how schools should teach. Basic Books 1991.

Laewen Hans-Joachim: Zum Konzept der Selbstbildung in Kindertageseinrichtungen in: siehe Mayr, Toni

Loibl Roswitha: Schon mit fünf Jahren in - die Schule. Bayern will vorzeitige Einschreibung erleichtern. Süddeutsche Zeitung vom 3. 4. 2000

Mayr Toni, Ulich Michaela: Kinder gezielt- beobachten – Die Engagiertheit von Kindern in Tageseinrichtungen in: Eigentätigkeit, Engagiertheit, Selbstorganisation, Selbst-Bildung. Bildungsprozesse in der Perspektive von Kindern. Dokumentation des Workshops vom 23. März 1999 im Deutschen Jugendinstitut in München

Meier Marion: Mammutstoßzähne. Süddeutsche Zeitung, 13. 12. 1999.

O'Hanion Redmond: A Sense of Wonder. How a young boy first discovered the world in an eggshell. Time, Winter 1997–1998

Palme Hans-Jürgen: Computern im Kindergarten. Was Kinder am Computer spannend finden und wie Erzieherinnen damit umgehen können. Don Bosco, München 1999

Pertler, Cordula: Kinder erleben große Maler, Don Bosco, München 1998.

Planck Nina: When children grieve. After death disrupts a young life, it helps to talk- and it's vital to listen. Time January 12, 1998

Schäfer, E. Gerd: Bildungsprozesse im Kindesalter. Selbstbildung, Erfahrung und Lennen in der frühen Kindheit. Juventa Verlag Weinheim und München 1995

Scholz Gerold: Kinder sind unbelehrbar. Nichts sagen, nichts zugeben und die Welt fragwürdig machen. TPS 3/00

Schult J. Thomas: Elektronische Lebenserfahrung. Cyc - Enzyklopädie des Alltagswissens. Süddeutsche Zeitung 24. 2. 1998

Schweitzer Otto, Elschenbroich Donata: Nahaufnahme Qualität, Kindertagesstätten der Stadt Frankfurt am Main. DJI Filmproduktion 1999

Tertell E., Klein S., Lewett J.: When Teachers Reflect. NAEYC Washington 1998

Walther, Ingo, Metzger Rainer: Vincent van Gogh. Sämtliche Gemälde. Benedikt Taschen Verlag 1993

Van Doren, Charles: Geschichte des Wissens. Deutscher Taschenbuch Verlag 2000

Wieser Ilsedore: Bildung an der Schwelle zum dritten Jahrtausend. In: Schulpädagogik und Lehrerbildung. Herber Hans-Jörg, Hofmann Franz (Hg.), Studien Verlag 1998

Praxisberichte

In letzter Zeit erschienen in Kindergarten-Fachzeitschriften Praxisberichte von Erzieherinnen, die das Thema »Mehr Spielraum für Bildung« sehr schön veranschaulichen:

Friedrich Claudia: Bauern, Türme, Springer. Schach – ein Spiel schon für Kindergartenkinder? Welt des Kindes 3/00

Hafemann-Schmidt Gabi: »Wo ist das Licht, wenn es dunkel ist?« Kinder experimentieren mit Strom. TPS 3/00

Hammerle Johanna: Ein neuer Boden für die Garderobe. Unsere Kinder 2/99

Lindmayer Veronika: Ein jedes Kind forscht anders. Über die Bedeutung einer vorbereiteten Umgebung. TPS 3/00

Mülders Birgit, Schmahl Beate: Eine Atmosphäre, die neugierig macht. Wie entsteht in der Kita Forschungsklima? TPS 3/00

Stallinger Bettina: Wir beobachten Ameisen und erforschen das Leben der Bienen. Unsere Kinder 3/00

Virnkaes Gaby: »Wie wird ein Stein ein Stein?« Lernen durch Versuch und Irrtum. TPS 3/00

Volkssternwarte München
Ein Fenster zum Weltall

In der Münchner Volkssternwarte können Kinder ab 4 Jahren die Wunderwelt der Sterne beobachten. Zum Programm gehört:

- Führung durch die Sternwarte
- Besichtigung des Ausstellungsraums mit einem Modell der Sonne und der Planeten
- Besuch des Planetariums, das einen Sternenhimmel zeigt, wie er in der Natur nur unter besten Bedingungen zu sehen ist. Dabei wird der aktuelle Nachthimmel gezeigt und die Sternbilder so erklärt, dass die Kinder sie leicht am Nachthimmel wiederfinden können.
- Bei gutem Wetter Beobachtung der Sonne an den großen Fernrohren oder bei Dunkelheit Anschauen verschiedener Himmelsobjekte.

Kindervorstellungen finden tagsüber an jedem ersten und dritten Freitag im Monat statt. Die Kinder sind aber auch abends von Montag bis Freitag um 20 Uhr (April bis August um 21 Uhr) willkommen. Für Kindertagesstätten und Gruppen können Termine für eine Führung auch außerhalb dieser Zeiten vereinbart werden.

Bei Interesse wenden Sie sich bitte an:

Volkssternwarte München,
Rosenheimer Straße 145h,
81671 München,
Tel. (089) 406239, Fax (089) 494987
www.sternwarte-muenchen.de

Erziehung – Bildung – Betreuung

Hedi Colberg-Schrader

Erzieherin – Berufsbild mit neuen Konturen

Aufgabenprofil, Selbstverständnis und Zukunftschancen

Die Arbeit von Erzieherinnen in Kindertagesstätten hat sich in den letzen Jahren entscheidend verändert. Das erweiterte, anspruchsvolle Aufgabenspektrum legt auch ein neues berufliches Selbstverständnis als Expertin für frühe Kindheitsfragen nahe und gibt Impulse zur Weiterentwicklung.

150 Seiten, s/w-Fotos, kartoniert,
ISBN 3-7698-1234-4

Renate Niesel / Wilfried Griebel

Start in den Kindergarten

Grundlagen und Hilfen zum Übergang von der Familie in die Kindertagesstätte

Der Eintritt in den Kindergarten ist sowohl für das Kind als auch für seine Eltern eine Phase des Übergangs. Renate Niesel und Wilfried Griebel beschreiben die komplexen Entwicklungsanforderungen dieser Zeit und geben Erzieherinnen Hilfen, damit sie Familien in diesem Prozess kompetent unterstützen können.

114 Seiten, s/w-Fotos,
ISBN 3-7698-1206-9

Neue Perspektiven für die Elternarbeit

84 Seiten, s/w- Fotos, kartoniert,
ISBN 3-7698-1141-0

Frank Jansen / Peter Wenzel
Von der Elternarbeit zur Kundenpflege
Kindertageseinrichtungen auf dem Weg zu Dienstleistungsunternehmen

Eltern und Kinder als Kunden? Die Autoren zeigen, wie dieser Perspektivenwechsel in die Tat umgesetzt werden kann. Kundenfreundliche Angebote und Interaktionen, überzeugende Kommunikationsstrategien und Beschwerdemanagement führen zu erfolgreicher Elternarbeit.

108 Seiten, s/w-Fotos, kartoniert,
ISBN 3-7698-1262-X

Martin Textor
Kooperation mit den Eltern
Erziehungspartnerschaft von Familie und Kindertagesstätte

Wenn sich Erzieherinnen und Eltern als Partner verstehen, ergeben sich daraus die besten Entwicklungschancen für Kinder. Wie Erziehungspartnerschaft gelingen kann, zeigt Martin Textor anhand vielfältiger Möglichkeiten bedarfsgerechter Elternarbeit. Mit Hilfen zur Gesprächsführung, Planungshilfen und Checklisten.